MINDFULNESS FOR TEACHERS

SIMPLE SKILLS FOR PEACE AND PRODUCTIVITY IN THE CLASSROOM

教师的正念

管理教学中的情绪与压力的方法

● [美] 帕特里夏 · 詹宁斯 Patricia A. Jennings 著 ● 叶少欣 张雅然 韩冰 译 ●

中国青年出版社

图书在版编目（CIP）数据

教师的正念：管理教学中的情绪与压力的方法 /（美）帕特里夏·詹宁斯著；叶少欣，张雅然，韩冰译.
—北京：中国青年出版社，2024.2
书名原文：Mindfulness for Teachers
ISBN 978-7-5153-7173-3

Ⅰ.①教… Ⅱ.①帕… ②叶… ③张… ④韩… Ⅲ.①教学法－研究 Ⅳ.①G424.1

中国国家版本馆CIP数据核字（2024）第010184号

教师的正念：管理教学中的情绪与压力的方法

作　　者：［美］帕特里夏·詹宁斯
译　　者：叶少欣　张雅然　韩　冰
责任编辑：宋希晔
美术编辑：佟雪莹
出　　版：中国青年出版社
发　　行：北京中青文文化传媒有限公司
电　　话：010-65511272 / 65516873
公司网址：www.cyb.com.cn
购书网址：zqwts.tmall.com
印　　刷：大厂回族自治县益利印刷有限公司
版　　次：2024年2月第1版
印　　次：2024年2月第1次印刷
开　　本：787mm × 1092mm　1/16
字　　数：260千字
印　　张：15.5
京权图字：01-2022-6546
书　　号：ISBN 978-7-5153-7173-3
定　　价：49.90元

目 录

名人推荐

帕特里夏·詹宁斯为一个微妙的话题提供了必要的信息，她的表述清晰简洁，文笔优美。她理解作为一名教师的感受，并一直都呈现出作为一名教师所需要的正念状态。现在她带来一个精彩绝伦的故事，这个故事充分体现了正念的重要价值，并且都是有证可循的。教师们，用你们最宝贵的时间，来阅读这本深入浅出的书吧！

——**罗伯特·L. 塞尔曼**，**哈佛大学人类发展和教育教授**

罗伊·E. 拉尔森，**哈佛精神病学心理学教授**

詹宁斯将多年教学中的个人实践与调研相结合，为所有希望开始学习正念或深入学习正念的教师们创造相关的资源。她理解大脑及其应对压力的反应，这为教师们提供了建立自我关爱的途径，为学生树立了榜样，为课堂教学奠定了良好的基础。通过对日常习惯和行为的关注和正念，詹宁斯阐明了如何通过反复探询的形式提升教学质量。

詹妮弗·多菲奈

——康涅狄格州纽黑文市昆尼皮亚克STEM特色学校资源教师

《教师的正念》借鉴了研究、理论和詹宁斯在教育方面的丰富经验，为创建一个正念和关怀的课堂提供了可读性很强的指导。这本令人印象深刻的书应该作为教师在培训期间的必读书目。本书中的理念将促进所有教师发展更敏锐的觉察力，并在教学中找到更大的乐趣和个人成就感。

马克·格林伯格博士

——宾夕法尼亚州立大学班尼特预防研究主席

这本书对教师来说是很好的资源。詹宁斯对教师所面临的挑战有着深刻的理解。在坚实的正念实践基础上，这本书提供了有效的练习和丰富的信息，来支持课堂内外的教育工作者。

莎朗·莎兹伯格

——洞察力冥想协会的联合创始人，《冥想的力量》的作者

诺顿教育社会神经科学系列丛书

路易斯·科佐利诺（Louis J.Cozolino）

玛丽·海伦·爱莫迪诺-杨（Mary Helen Immordino-Yang）

丛书编辑

教育领域的学者们正在将教与学过程中涉及的生物学最新发现纳入教育中，从而寻找新的元素。然而，这些讨论忽略了人类神经生物学的社会性质、学习的互动环境以及师生关系的质量。“教育的人际神经生物学”是一个全新的视角。它将帮助教师和管理者更好地理解教师、学生之间的关系，以及理解他们在课堂和学校中创造的社会环境如何促进大脑发展、支持心理健康并提高情商。

诺顿教育的社会神经科学系列丛书出版了一系列前沿书籍，为大脑和心智间、社会关系和依恋间，以及与有意义学习间的复杂联系提供了跨学科的探索。

这些书从教育、情感和社会神经科学、复杂系统、人类学及心理学的研究中收集证据，开创性地为教育工作者和管理者提供了一种易懂的综合和应用科学发现的方法。本系列的书籍将最前沿的科学与教学艺术完美结合，在坚实的科学、人类的同情心、文化意识以及对每位师生尊重的基础上，提出将理论和实际相结合的方法。

前　言

为什么要花时间阅读一本关于“教师的正念”的书？所有这些关于正念觉察及其对我们个人和职业生活中的幸福感和功效的重要性的当代讨论的底线是什么？这本由帕特里夏·詹宁斯（Patricia A. Jennings）撰写的出色图书以全面清晰的前沿科学、引人入胜的故事和课堂生活的实际应用回答了这些重要的基本问题。阅读这本书可以大幅提高你作为一个教育工作者的工作技能。

那么“正念”的真正含义是什么？

正念是指我们留意到内心和周围正在发生的一切，将注意力专注在此时此刻的体验上，充分地活在当下。在许多方面，培养正念意味着我们提高深入感知生命的能力，同时也可以观察我们身心所经历的一切。感知和观察这两种不同的意识流之间的联系，揭示了正念为何被视为一种“综合实践”。它是一种将不同元素相互联系起来的实践。

本书是新诺顿教育系列丛书的一部分，该丛书以我们的心理健康系列为基础，提供了基于人际神经生物学的跨学科方法。从广泛的科学角度来看，整体观是健康的核心。举例来说，有关正念训练以及大脑结构和功能的研究表明，正念可以促进重要的整合纤维的生长，能帮助我们调节情绪、注意力、思维和行为。我们和学生的这些能力都可以通过正念训练得到改善。

正念培养我们内在的整合，让内心感受到平静的力量。正念增强了我们的同情心和同理心，提高了和他人联结的能力，从而培养了与他人相处融洽的人际关系。

然而“正念觉察”与简单的“日常觉察”有什么不同?

有了正念觉察，我们就可以感知及观察我们的内在状态。例如，当我们留意到自己的情绪时，我们会充分地感受到生命的激情和活力。但当我们在观察自己的情绪状态时，我们可以感受到情绪本身，就不会做出下意识的反应或冲动地采取行动。通过这种方式，我们达到了一种平和的状态，会对正在发生的事情保持开放，让自己完全地感受情绪，不会因为情绪而陷入下意识的惯性反应。正念避免我们被自身神经系统反应所控制，从而使我们获得内心的自由。

以类似的方式，正念能够使我们清晰、开放地感知和观察我们周围发生的事情，使我们留意到来自他人和更广阔环境的外部信号。当我们感受到与他人和世界的联结时，我们可以感受到这种生机勃勃的生活和参与感。正念使我们能够留意到外部环境的变化，因此我们不是在“惯性反应”状态，而是让心有了“空间”，从而使我们能够在做出下意识反应之前学会暂停下来。我们内心的这种开放性是一种接纳的态度，与下意识反应形成对比。简单地觉察有时意味着我们能感知到事物，而不是不加觉察地做出下意识反应。开放和接纳给了我们力量。它允许我们在做出冲动行动之前暂停一下。这种带着感知和观察的接纳状态也意味着，我们更能感知到生活本身，因为我们不会因为被先前的判断或期望所禁锢，限制了我们对世界或自己的看法，从而过滤和限制了我们对生活的看法和理解。

简单地说，正念意味着我们可以选择主动接纳而不是被动接受。

从人际神经生物学的角度来看，正念能够带来身心健康，因为它是一种整合性的实践。那它整合了什么呢？我们把感觉和观察区分开，然后带着正念觉察把它们联系起来。我们带着尊重和接纳的心态将观察性自我集中到经验性自我[①]的体验中，并接受两者的区别和重要性。感知和观察是不同的，但两者可以联系起来。这就是带着正念整合两者的意义。在这本书中，你会读到“觉察之轮”，它可以帮助我们整合意识。作为一种整合性实践，它也促进了正念觉察。

随着整合的进行，我们会获得健康、同理心和创造力。我们可以理解：培养正念觉察的整合状态如何关联我们内心和人际生活中的许多积极成果。因此，你就不会对以下的情况感到惊讶：研究人员在探索正念训练对儿童、青少年和成年人的影响时，发现了一系列积极的结果，包括执行功能的改善，如注意力、情绪、行为和关系的改善；免疫功能的生理增强；维持和修复染色体末端的酶（端粒酶）的提升。甚至有初步发现表明，我们基因上的控制分子（表观遗传调节组蛋白和甲基）的优化有助于预防某些疾病。研究还表明，正念训练可以增强同理心，减少倦怠，在工作中获得更多的满足感和意义。

但是你可能会想，“它的问题在哪里？”如果这是一种药物，你会问到副作用和费用。如果这是一种药丸，肯定会有很多宣传它的广告。但唯一的“陷阱”是，它往往需要你有意愿、有动力和有行动地培养正念觉察。有些人把正念作为一种特质来对待，认为前期不需要对其进行训练，但我们每个人都可以学习加强或重新培养这种活在当下的方式，并从中

① 观察性自我，即当一件事、一个人或一种情绪出现时，跳出思维，只是观察、了解，不做判断、分析、评价，更像旁观者，只是感受到当下的一切；经验性自我，即当一件事、一个人或一种情绪出现时，用原有的经验、观念来进行分析、判断。——译者注

受益。

你可能一觉醒来，意识到在你的日常生活中需要增加一个促进健康、更有意义的生活习惯，这永远都不会太晚。这个意愿也会遇到一些挑战——你可能很忙、很累、很疲乏，而且你没有时间，所以可能会想“算了吧”。然而非常关键的是，其实并不需要太多时间来改变行为就能使你的生活发生重大的变化——无论是在个人生活还是职业上。

有科学的推理和研究揭示了这种简单而强大的觉察是如何发挥实际作用的。如果你和我一样有所了解，你可能就会更有意愿，更有目标和行动力。虽然目前我们所知道的总比我们在科学上所被证明的要多得多，但我们确实有一个很恰当的总体概念，即在个人和集体生活中，正念觉察如何以及为何如此重要。

詹宁斯写了一本精彩的书，这本书不仅为你提供了科学的理论，而且还提供了现实生活中的例子，呈现了正念对课堂环境的帮助。她还为教师们提供实例练习，以便在你自己的生活中培养更多的正念。詹宁斯博士本人也曾是一名教师，对课堂上的挑战和机会了如指掌。当她从教师转型为研究人员时，她并没有忘记这些重要的实践经验。通过她负责设计和实施的“教育觉察和复原力”（CARE）项目，她展示了正念训练对教师提高自身生活质量和改善学生体验的力量，我们的专家指南已经从经验中学到了如何将正念带入现实生活实践中。

这是一本神奇的书，可以帮助你培养意愿、动力和行动力。你可以通过阅读这本指南，提高觉察力，从而改善自己和学生们的生活体验。欢迎阅读并享受这本书！

丹尼尔·J. 西格尔，医学博士

诺顿人际神经生物学丛书创始编辑

序 言

我从幼儿园教师到科学家的经历
以及我为什么写这本书

这本书是我作为一位正念践行者、教育家和科学家40多年经验的结晶。这本书写给每一位希望学校改造成能够促进人类发展的环境的人。我一生的目标就是提供让孩子和年轻人能充分发挥潜力的环境。我非常感谢有机会以书的形式分享我的经验和想法，希望它能为这一目标做出贡献。

我写这篇序言的目的是解释我为什么要写这本书。通过讲述我从作为一名学前教育教师在课程中融入正念觉察，到作为一名社会科学家为教师和学生研发基于正念的干预措施的故事，我希望为这本书提供背景信息。这本书将与你分享我从这些经历中学到的东西，以便你能将它们应用到你的工作和生活中。

我的故事源于我童年时期的经历，我发现了正念觉察具有治愈的力量。经过一系列的创伤事件，我在15岁时成了孤儿。创伤会让你失去停泊的港湾，它会破坏你的自我觉察力以及对自身在世界的位置的认知。那时是20世纪60年代末，人们对创伤的影响还不甚了解。我当时看起来像是无事人一样，没有人认为我可能需要心理咨询或其他心理支持，所以我不得不自己想办法治愈自己。

在高中时期，为高级英语学生教授创意写作的柯蒂斯老师给了我很大的帮助并鼓励我成为一名教师。在那个不安的时期，她给我提供了我迫切需要的鼓励和支持。除了常规的写作作业外，我们还被要求每周向她递交日志本。在这些日志中，我们可以写下自己的一切想法。她仔细阅读了每一篇文章，并带着洞察力、仁慈和体贴的态度做出书面回应。

在柯蒂斯老师的鼓励下，我开始用深沉的诗歌表达悲伤。她为我提供了一种安全的方式来表达我的悲伤和绝望。她看到了我是谁，尊重了我所经历的一切，并帮助我将一段可怕的经历转化为艺术。通过她的鼓励，我参加了一场诗歌比赛，并赢得了那场比赛。如果没有一种安全的方式来表达和转化我内心难以抗拒的悲伤和绝望情绪，我将很难克服它们并继续迈向成功的生活。我高中时提前一个学期毕业，并在17岁时就独立了。

虽然我的学业成绩很好，但我已经失去了安全感，并受到了存在主义焦虑的折磨。我觉得我的宗教信仰已经让我失望，我开始寻找可能有助于我理解自己处境的想法和哲学。我很幸运找到了一位正念老师。从那时起，40多年来，我一直在练习正念。我四处寻找方法和老师，1974年我来到了科罗拉多州的博尔德，这里当时是正念冥想者的圣地。我参加了各种教学活动，并向许多来自不同正念冥想流派的老师学习。在我尝试各种各样的想法和做法时，我总是会回到简单的正念练习。

我发现，静坐和培养觉知当下意识的简单练习，使我身心更加明朗和平静，并对自身的经历有了客观的看法。我不再被自己的焦虑思想和感受所束缚，这些都是思绪倾向于抓住、拒绝和担心过去与未来的短期症状。我明白只要通过简单地回到当下，我就能重获平静。

我的故事的下一章是关于我如何成为一名教师。在博尔德待了几年后，我搬到了旧金山湾区，在那里我学习教育课程，并获得了硕士学位、教师资格证和蒙台梭利证书。在超过22年的时间里，我在各种公立和私立教育机构任教，包括市中心的奥克兰小学、旧金山一所封闭的心理健康中心，以及几个蒙台梭利幼儿园和小学。

我自己创办了一所蒙台梭利学校，在那里我开始将正念融入教学中。我被蒙台梭利方法所吸引，因为蒙台梭利教学方法包含正念的特质。课程以实际演示的形式默默地呈现给学生。我发现，这些课程是一个很好的机会，可以将正念应用到我的教学中。在讲课之前，我花了一点时间让自己集中注意力，回到当下。令我惊讶的是，我发现，通过将正念带到每个教学时刻，我为我的学生提供了一个平台，让他们有机会与我分享这种正念体验。

我不是教授学生如何练习正念，而是通过我的呈现，以正念教学的方式来教授正念。我的课变成了学术内容和正念练习相结合的课程。上完课后，学生们在参与我给他们展示的学习活动时，往往会获得同样的正念练习。我发现教师自己的正念状态对学生的学习至关重要。我还发现，孩子们会通过观察成人的正念行为来学习正念。在我的日常教学中，我经常融入直接的正念指导，他们从课程中学到的正念会更有帮助，正念增强了他们对内容的理解。

接下来，我的故事转向了我如何成为一名教师指导者。在我教书期间，我开始在一所大学的教师教育项目中担任兼职教授。我教了各种教育课程，包括课堂管理。同时，我指导任课教师，定期到他们的教室观察他们的教学进度，为他们提供指导并定期主持相关的教学研讨会。

观察课堂教学是一个很好的机会，可以将正念练习运用到我工作中的另一个维度。新的见解使我的工作朝着另一个方向发展。在这15年的课堂管理策略教学中，我仔细观察了上过我的课的任课教师，发现教师自身的社交互动情况和情绪状态是可以作为评估课堂效果的有效预测因素。

我亲身观察到情绪反应对教学和学习的影响。我特别留意到教师的情绪反应是如何影响了他们管理学生的行为。我深知是正念觉知练习帮助我管理好情绪和课堂，但那是20世纪80年代初，那时还不是将正念方法融入教师教育的合适时机。然而，显而易见的是，教师的情绪会影响教学，而正念可能是帮助他们的关键。

我的故事的最后一章是我如何从一名教育工作者成长为科学家。2000年，我儿子从高中毕业，我决定重返研究生院。我被加州大学戴维斯分校的人类发展博士课程录取，重点研究成年人的压力及应对方式，寻找解决和支持教师的社交互动和管理情绪能力及复原力的方法。

2004年，我了解到加州大学旧金山分校（UCSF）正在进行一项令人兴奋的新研究项目。2000年，科学家与资深正念教师举办了一场会面，探讨如何运用正念觉察来减少负面情绪所造成的伤害。在这次会议上，情绪专家保罗·艾克曼（Paul Ekman）、冥想老师B. 艾伦·华莱士（B. Alan Wallace）与包括马克·格林伯格（Mark Greenberg）在内的一个心理学家团队一起会面，共同制订了一项将正念和情绪技能传授相结合的干预措施。他们把它称为“培养情绪平衡”（CEB）。这个项目专门针对需要解决负面情绪以及其对他人伤害的某一领域的人士。在第一次研究中，他们选择了教师。当我发现这一点时，我立即联系了该研究的首席研究员玛格丽特·凯梅尼，希望能参与其中。

我加入了该项目的研究小组，工作两年后，我成为项目总监。在此期间，我参加了CEB的培训和加州大学旧金山分校健康心理学的博士后培训研讨会。在这项研究中，我们收集了大量的数据来评估样本中教师在压力下的生理表现。

随着我对应激反应的了解越来越多，我开始意识到课堂环境可能会使教师和学生产生严重的压力，并带来其他与压力相关的问题。从某种意义上说，教师和他们的学生都是压力的“俘虏”——他们不能在上课时走神，否则会导致不良后果。此外，一屋子的儿童或青少年的社交互动和情绪变化有时可能很激烈，甚至很混乱。

在压力下，一些学生变得爱捣乱、分心，甚至是堕落，而教师也可能变得焦虑、沮丧、尴尬和绝望。从这个角度来看，我们很容易理解为什么教师们会精疲力竭，而学生们却没有学到东西。应激反应正在破坏我们的教学和学生的学习。

应用以正念为基础的方法来支持教师的身心健康，这个想法非常有意义。此外，如果我们能赋予教师提供更好地管理这些社会和情感需求的技能，课堂气氛就会改善，学生的行为和学习成效也会改善。

在加州大学旧金山分校期间，我成为第一批从心智与生命研究所获得弗朗西斯科·瓦雷拉（Francisco J.Varela）沉思科学研究奖的人之一。我对CEB教师进行了小型试点研究，探索参与研究对他们的课堂气氛是否有积极影响。研究结果很有建设性，并带来了一个长期的研究项目。该项目已发展到包括几个联邦拨款支持的项目，以及在纽约市对教师教学和学生进行的大规模随机对照试验。

但在这个故事中，我已经超越了自己。2006年，我被加里森学院聘为正念教学执行总监。我在那里发起的一个项目是教育觉察和复原力教师项目（CARE）。CARE是行政首长协调会计划的一个扩展，它更具体地针对教学中的压力源。关于该计划的详细描述，请参阅第七章末尾。

当我还在加里森研究所时，我加入了宾夕法尼亚州立大学预防研究中心（PRC）的教师队伍，与马克·格林伯格合作开展了第一项联邦资助的CARE研究。我发现预防研究中心（PRC）非常支持这项工作。除了CARE项目，我有机会与志同道合的科学家和博士生合作，进行了几项基于正念的研究。

2013年，我有机会重返教师教育领域，担任弗吉尼亚大学库里教育学院的副教授，该学院是国际公认的教师教育领导者。这个机会让我梦想成真。它让我能把在CARE教师职业发展方面所做的工作整合到教师教育中。此外，我成为库里教育学院在冥想科学中心的代表，这是一个全校性的跨学科中心，旨在促进整个大学的冥想科学的发展和教育方法的实践应用。我的旅程使我重新与即将成为教师的学生一起工作，现在我有机会将正念带入这项工作。

这本书是我这40多年来经验的结晶，我希望它能为正念所推动的教育变革做出宝贵的贡献，提供有价值的想法，并帮助成千上万的教师、教育工作者、家长和致力于这一变革过程的领导人培养重要的技能。

鸣 谢

我非常感谢有机会与你们分享这些想法，我感谢你们的关注。我要感谢很多人，他们对我的思考做出了贡献，促成了这本书。他们分别是：保罗·艾克曼（Paul Ekman）、芭芭拉·弗雷德里克森（Barbara Fredrickson）、琼·哈利法克斯（Joan Halifax）、乔·卡巴金（Jon Kabat-Zinn）、莎朗·莎兹伯格（Sharon Salzberg）、丹尼尔·西格尔（Dan Siegel）和措尼仁波切（Tsoknyi Rinpoche）。

我应该感谢我在诺顿的编辑A. 黛博拉·马穆德（A. Deborah Malmud）和本·亚灵（Ben Yarling）。本提供了极好的反馈，真正帮助我精心制作了这本书。

我想感谢马克·格林伯格（Mark Greenberg），他在过去十年里一直是我的导师和忠实的支持者。特别感谢我亲爱的朋友和同事理查德·布朗（Richard Brown）和克丽斯塔·图克斯默（Christa Turksma）。与他们合作开发“教师CARE”是我人生中最有意义的经历之一。

我想感谢所有参与CARE研究项目的人。特别感谢我们纽约研究的首席执行官约书亚·布朗（Joshua Brown），没有他和他优秀的团队，我们永远无法成功完成这项重要的研究。感谢宾夕法尼亚州立大学研究团队：塞布丽娜·多伊尔（Sebrina Doyle）、詹妮弗·弗兰克（Jennifer Frank）和黛博拉·舒斯勒（Deborah Schussler）。感谢我们之前的PSU研究团队成员卡琳·斯诺伯格(Karin Snowberg)和迈克尔·科西亚(Michael Coccia)。感谢福特汉姆大学的研究团队:雷金·陶勒(Regin Tanler)、达米安·拉希德(Damira Rasheed)和安娜·德威斯(Anna DeWeese)。

我还要感谢我在加里森学院的朋友和同事们,他们为我们提供了创建教师CARE计划的机会,并帮助我们在这一新领域发挥领导作用。特别感谢阿迪·弗莱舍(Adi Flesher),他在我离开后接任了冥想教学执行总监。还要特别感谢乔纳森和戴安娜·罗斯(Jonathan and Diana Rose)、执行董事罗宾·布伦塔诺(Robyn Brentano)、研究所董事会以及所有出色的工作人员。

感谢我在加里森学院教育领导委员会的朋友和同事:翠西·布罗德里克(Trish Broderick)、理查德·布朗(Richard Brown)、玛丽安垫大卫(Marian David)、阿黛尔·戴蒙德(Adele Diamond)、马克·格林伯格(Mark Greenberg)、托宾·哈特(Tobin Hart)、琳达·兰提尔瑞(Linda Lantieri)、佩吉·麦卡德尔(Peggy McCardle)、杰里·墨菲(Jerry Murphy)、劳拉·俗登(Laura Rendon)、利兹·罗伯逊(Liz Robertson)、金伯利·舒纳德-赖克尔(Kimberley Schonert Reichl)、帕梅拉·西格尔(Pamela Seigel)、马克·维尔丁(Mark Wilding)、罗娜·维俗斯基(Rona Wilensky)和亚瑟·扎荣茨(Arthur Zajonc),感谢他们多年来对该领域做出的贡献。感谢詹妮弗·弗兰克审阅这份手稿。非常感谢她的反馈和建议。还要特别感谢瑞秋·阿贝纳沃利(Rachel Abenavoli),她花了几个小时帮我跟进这个项目的参考资源。

我感谢我的家人:我的姐妹佩妮·詹宁斯(Penny Jennings)和帕姆·詹宁斯·卡拉布雷斯(Pam Jennings Calabrese),我的侄女凯蒂·卡拉布雷斯(Katie Calabrese),以及我的儿子艾萨克(Isaac)和儿媳莱西·戈尔茨坦（Lacey Goldstein）。最后，我想感谢我的丈夫安德烈·拉·维尔（André La Velle）。没有他的爱和支持，我不可能成功地从教师转型为科学家，我也不可能写出这本书。非常感谢你们！

简　介

《教师的正念》是我作为教师、教育工作者和科学家40多年个人和专业经验的结晶。它是我对教师职业的深切感激和承诺的结晶。

虽然我们的教育系统正面临着巨大的问题，但我仍然很乐观。伴随着挑战，它也为我们提供了巨大的变革机会。我们可能已经准备好成为教育领域巨大变革的一部分。虽然人们越来越认识到我们的社会需要更多的正念与热忱，但科学正在向我们展示，“回到当下”这个简单做法如何改变生活。本书将这些新知识应用于教学艺术。当你阅读这本书时，你将学会在日常生活中应用正念觉察的方法以减轻压力，改善教学和学生学习成果。

教师的影响力

当你要求人们说出对他们的生活有重要影响的人的名字时，他们很可能会告诉你一个老师的故事。这些故事往往有一个共同点——学生认为他们的老师看到并尊重他们的本性，并因此为他们提供了转变的途径。在我的职业生涯中，我发现教师是我遇到的一些最具有利他主义的人，他们致力于为学生的生活带来积极的改变。

然而，事实仍然是，我们今天许多人对课堂的社会和情感需求没有做好充分的准备。学生入学前准备不足。与此同时，新的问责制要求我们在艰难的条件下完成教学任务，但通常没有配备必要的支持系统。工作压力重重，我们比以往任何时候都更需要一个冷静、给予支持和理解的教师队伍，因为教师们更有可能因筋疲力尽而离开这一行。

2012年，大都会人寿的《美国教师调查》报告称：教师对他们的职业满意度较低。在过去的两年里，教师对他们的职业的满意度有明显的下降。

该报告最引人注目的发现之一是，自两年前大都会人寿开展美国教师工作满意度调查以来，教师的满意度下降了15%，目前工作满意度已达到20多年来一系列调查中的最低水平。在教师满意度下降的同时，表示有可能离开教学岗位的教师人数和认为自己的工作没有保障的教师人数也大幅增加。

这些数据很令人担忧。在我们的教育系统正处于危机之中时，大量的教师想要离开这个行业会让已经恶化的局面雪上加霜。

我们教师的工作压力很大，这真的不足为奇。无论是在幼儿园还是在高中，教学是一项对人要求很高的活动。我们不仅需要很好地了解我们的授课内容，而且需要在留意整个班级的同时，也能够关注一两个学生。我们需要不断调整自己，以便评估学生学习的参与度、对知识的理解度以及课堂上的社交互动和情绪动态。我们在做到这一点的同时还要避免让自己变得焦虑或烦躁，过度控制或失控。

然而，教师教学主要侧重于内容和学问，往往忽视了教学的社会环境、情绪需求和认知需求。新教师很容易被这些需求，以及日常课程规划、组织、评估和课堂管理的需求压垮。

除了这些要求之外，还有越来越多的学生带着未满足的需求上学。面临心理和行为问题风险的学生往往会给没有准备的教师带来挑战。这些学生在参加学习活动、保持安静以及与同龄人相处方面有更多的困难。他们可能会在课堂上制造混乱，扰乱课堂秩序，这是我们许多教师所害怕的，并试图极力想要避免的。当挫折感积累到一定程度时，我们会变得情绪低落，这是职业倦怠的早期迹象。

21世纪所需要的技能

今天，有很多人在谈论21世纪所需要的技能。这些技能是什么？学校如何能促进学生学习这些技能？虽然这些问题已经被广泛讨论，但有两个因素很少被提及，那就是适应力和复原力。事实上，我们对孩子们未来要面对的世界知之甚少。同时，目前我们社会的变化速度似乎并没有减小。可以肯定的是，我们的孩子需要学会适应，才能在不断变化的经济、社会和文化环境中取得成功。

孩子们的大脑具有惊人的适应性和复原力，但我们目前的教育系统并没有培养这些能力。相反，我们的学校往往通过强调死记硬背和僵化的、对客观事实的测试等来鼓吹这些天赋。此外，在大多数情况下，我们的课堂并没有反映成年人在当代经济社会中的典型工作方式。今天，在经济领域的每一个范畴，大多数高水平的工作都涉及与跨学科团队的协作，这些团队拥有各种不同的技能和能力，并努力协调来分析和解决问题，创造突破。这类工作需要高度的社交互动和情绪感知能力、创造力和综合思考分析能力。由于社会、文化和生态环境的不断变化，它也需要灵活性和适应性。

写这本书的目的

撰写《教师的正念》这本书是为了帮助教师培养他们所需的技能，以创造一个平静、放松并充满活力的学习环境，通过培养创造力、创新、协作和互助，为学生的未来做好准备。这种课堂需要一位教师在教学，并且在与学生、家长和同事互动时具备全然的觉察和“心在当下”的状态。现在，你拥有了成为这样的教师的工具。

这本书将帮助你提高所需的技能，设计健康和有支持性的课堂互动，增强教学乐趣，并培养学生对学习的热爱。每一章都介绍一个在教学中应用正念觉察的特别主题以及一系列可以操作并应用于教学的实践活动。

在第一章“什么是正念”里，我首先概述了正念觉察的概念。它既是一种心理状态，也是一种可以通过练习培养和提高的个人品质。我介绍了人际关系正念的概念以及它与教学的关系。我介绍了丹·西格尔（Dan Siegel）的“觉察之轮”，这是一个将正念觉察应用于我们的内在和外在经验以改善心理功能的模型。我回顾了以正念为基础的干预措施的研究效果，重点是这些干预措施如何减轻压力，提高自我觉察、自我调节和反思能力，这些都是有效教学所必需的。本章最后介绍了一系列你可以自己练习的正念活动。

第二章，“教学中情绪的艺术”。这章解释了如何通过练习正念觉察来帮助你探索和更好地理解自己的情绪状态。教学是一种“感知情绪的实践”，教师和学生的情绪会影响课堂的动态。这一章包含了情绪的功能性以及情绪反应性如何影响教学。我描述了如何应用觉察之轮来探索你的情绪状态。这一章还介绍了社交互动和情绪感知学习，以及基于正念的方法的额外价值。本章的正念技能练习旨在帮助你探索和理解自己的情绪状态。

第三章，“了解你的负面情绪”。这一章阐述了负面或不愉快的情绪，如愤怒、恐惧和悲伤。当你感到受到威胁时，这些情绪就会出现，它们通过触发战斗、逃跑或僵住反应来帮助你保护自己，但无论威胁是真实的还是想象的，负面情绪都会触发这些反应。这种类型的情绪反应会演变成行为模式，在你没有意识到的情况下很容易被触发，并会破坏那些带着你的善意和意愿的努力。我深入介绍了这些信息，解释了我们所知道的大脑在情绪唤起时的作用。练习正念觉察可以帮助你留意到不舒服的情绪，这样你就可以更有意识地理解和调节它们，而不是在情绪被触发时做出下意识反应。本章的正念技能练习部分旨在帮助你练习有意识地处理不舒服的情绪。

第四章，“积极的力量”，探讨了积极情绪的力量，如幸福和感激，并证明了这些积极情绪对有效的教学和学习是多么重要。积极情绪能拓宽认知，增强复原力和与他人的联系。它们还促进学习的三项基本技能的培养：创造力、批判性思维、探索。这一章介绍了正念觉察活动，这些活动将帮助你在课堂上或独自一人时培育和品味积极情绪，从而建立一个温暖和支持性的学生团体。

第五章，“教学的核心”。首先你要从促进自我关照的信息和策略开始，因为照顾他人的前提是学会照顾自己。本章介绍了在学生中教导关爱和加强关爱行为的简单策略。你还将学习如何提高你的倾听技巧，以及如何对那些正经历深刻痛苦和折磨的学生和家庭产生同理心。在本章的最后，我们设计了两个实践和两个活动，旨在帮助你培养和运用这些技能。

第六章，“管理课堂动态”。在本章，我将前几章所学的原则应用于打造最佳课堂氛围。我强调了正念是如何帮助你培养一种有条不紊的教学氛围，培养学生之间的互相尊重和友爱。教师是一个强有力的榜样，向孩子们展示如何在情感上诚实、坚定和善良地回应对方。在这里，我将正念应用于团体建设、关系管理、建立与加强规则和程序、管理冲突、教学过程，以及对学生挑战性行为的回应。本章的正念技能练习部分旨在帮助你应用这些知识来改善你的课堂氛围。

在第七章“正念与学校转型”中，我解释了正念如何帮助我们建立集体意志，将学校转变为增强创造力和促进创新的学习环境，以满足未来可能的需求。虽然教育工作者和政策制定者几十年来一直在为学校转型而努力，但正念可能有助于促进教育迫切需要的转型。这一章介绍了把正念运用在教育领域的组织和个人先行者。这些先驱者正在改变我们的教学、学校和整个地区。我研究了以实证为基础的项目和调研，这些研究表明正念可以减轻压力，提高学生和教师的幸福感。这一章的结尾是给未来教育传递的一个鼓舞人心的信息。

最后，关于这本书中的轶事，我想多说几句。许多故事都是基于我作为教师、教育工作者和项目开发者工作中的真实故事。在某些情况下，这些故事是为了证明一个观点，或者是我和其他人经验的融合。在大多数情况下，故事中的人物名字都被改变了。有些情况，我提到了个人的名字，这些已经征得了他们本人的同意。

CHAPTER 1 | 第一章

什么是正念

在这一章中，你将了解到什么是正念觉察，如何通过练习来培养它，如何应用它来改善你的教学、课堂氛围以及与学生建立的关系。我将概述有关正念影响的研究，重点关注幸福感、自我觉察、自我调节和反思能力的改善。

你将学习一种基本的正念觉察练习，包括将注意力集中在呼吸上。你还将学习设定意愿的练习。这个练习旨在帮助你重新找回你的教学动机，更新并保持对教师职业的热爱。最后，你将学习一个非常简短的正念呼吸练习，当你需要的时候，你可以借助它平静下来。定期练习这些简单的活动可以帮助你建立复原力，以处理教学中的各种问题，这样你就可以创造和维持一个学习环境，让你的学生在社交互动、感知情绪和学术上都能茁壮成长。

正念是当下的、非评判性的觉察

正念是一种独特的意识状态，包括对当下所发生的一切的觉察和接纳。你可以把它看作“充实的心智”，因为你把你的全部注意力集中于当下。“正念”这个词在各种冥想传统中被用来指非常特别的冥想状态和练习。在本书中，我统一使用这个词，此正念方法是有最新的科学研究支撑的。

练习正念是指以非评判的方式随时觉察你的体验。当你体验到正念时，你就会全然地觉知到此时此刻所发生的一切，而不是懊悔过去的事情，比如“我希望昨天上课时和代课老师相处得很好”，或者担忧未来，比如“我带的这个学生该怎么办？”。

正念包括三个基础过程：形成意愿、集中注意力和调整态度。练习正念的行为是有意愿的、有目的的行为。我们把注意力集中在当下，并带着接纳、关心和辨别的态度去关注它。正念也是一种“用心”，因为它促进了我们对自己和世界保持开放的态度，提醒我们内在的善与美。

“正念”这个词既可以用来表示一种心理状态，也可以用来表示一种更持久的个人品质或性情。虽然研究表明，有些人可能天生就比其他人更擅长正念，但研究也表明，只要不断地练习，随着时间积累，我们会更容易进入正念状态并更有持续性。

还有证据表明，练习正念觉察可能与大脑改善自我调节有关。通过练习，我们可以加强将正念纳入日常生活的能力，直到它成为新的习惯。正念觉察有各种正式和非正式的练习方式。正式的正念觉察练习（MAPs）包括各种形式的静坐冥想和沉思，如瑜伽和太极拳（太极拳是一系列缓慢的正念运动的武术）。

正式静坐练习的两种基本形式被称为专注和开放式觉察。专注包括将注意力放在一个特定的目标，如呼吸，并努力保持聚焦在该目标上。开放式觉察是指带着开放和非评判的心觉察从这一刻到下一刻的体验。

在每章的末尾，我将介绍各种正式和非正式的正念觉察练习，供你学习并应用于你的教师工作。在这一章的末尾，我介绍了几个入门的正式练习，其中包括专注练习。在第二章的末尾，我介绍了开放式觉察的练习。

在日常活动中，也可以非正式地练习正念觉察。在任何时候，你都可以把正念觉察带到你当下体验的不同维度：外在的声音、物体、其他人或动物，以及内在的想法、感觉和感受。

非正式的正念觉察练习涉及灵活应用我们的注意力、觉察力和接受度。这是一种“元意识”：你留意到你意识中的一切，就像一个观察者看电影一样，并对正在发生的一切采取接纳的态度。

举个例子，想象你正安安静静地坐在美丽的河岸边，把注意力集中在水的波浪上。你留意到有船经过，但你没有把注意力集中在船身上。这艘美丽的大船从你面前游过去了。

船上有音乐声，人们在甲板上跳舞。这看起来很有趣。很快你的心就离开了岸边，来到了船上，想知道它要去哪里，从哪里来。然后，就像从梦中醒来一样，你突然意识到你已经被船分心了，于是你把自己带回了河岸，再次专注于波浪。

练习正念觉察就是这样的过程。当你的心陷入对未来或过去混乱的思绪里时，你的心就不在当下。你可以意识到这一点，并有意识地把你的注意力带回当下。有意回到当下的觉察，注意到自己的分心，然后把你的注意力带回当下，这一连串的过程本身就是正念觉察练习。

就像体育锻炼能增强你身体的力量、灵活性和耐力一样，正念觉察练习能提高我们的内在力量、复原力、目标感等认知和情感技能，以及在面对变化和生活中的挑战时持续学习和灵活适应的能力。

观察评判

接纳的态度通常被称为“非评判性”觉察。然而，当你开始正式练习时，你可能会留意到自己带有评判性的想法，特别是在初学时。当你静静地坐着关注你的呼吸时，你可能会开始思考你的练习方式是否正确（例如，“我这样做是错误的”），或者思考你的思绪如何胡思乱想（例如，“我的想法快把我逼疯了”）。

这是很常见的经历，是非常正常的。重点就在这里，当我练习正念觉察时，我可以简单地留意到这些想法。我不试图阻止它们或评判它们，而只是留意到它们，然后放开这些想法，认识到我并不等于我的想法。想法是存在的，但我不会被它们裹挟，也不会让它们把我带走。我不需要评判我的评判，只需要观察它们就可以。

当我把非正式的正念觉察练习应用到课堂的日常经验时，我留意到我的评判常常把我带离当下。评判以拒绝或冲动地紧抓我们经历中的某些东西的形式出现。如果我们认为某样东西是坏的或令人讨厌的，我们的冲动就是拒绝它。如果我们认为某样东西对我们来说是愉快的或有益的，而且我们有强烈的愿望去获得它，我们的冲动就是抓住它并试图获得它。

当我用心观察自己的想法时，我开始注意到这些倾向。例如，我可能会想："山姆真扰乱课堂。我希望校长把他调走。"或者，"加西亚老师总是可以有助理老师帮忙，我真的很想也有一个。"这两种冲动都会抓住我的注意力，让我无法有意识地接纳当下的一切。

非评判性的觉察并不意味着没有判断力。评判包括将我们的信念和期望强加给我们当下的体验，而没有全然地意识到当下实际发生的事情。

例如，马库斯在他的背包里翻来翻去，而不是在我讲解一道数学问题时专注听讲。这是一个备考周，所以我已经感到了教学的压力，我要确保我的学生能用心听课，这样他们才能做得好。马库斯的动作开始分散其他学生的注意力，我发现自己对他越来越恼火。从过去的经验来看，我知道他很容易分心而扰乱课堂。

我不由自主地开始评判他："他总是惹麻烦，这次他又打算干什么？"我的评判框住了我的思绪，促使我做好最坏的打算，并准备在他发出最轻微的挑衅时制止他。

通过定期练习正念觉察，我培养了识别这些想法和感受的能力，而不是陷入其中。一旦我注意到我的沮丧和恼怒以及与之相关的身体感觉和想法，我就停下来，深呼吸，并且放下这些想法和感受，然后我就可以意识到我对马库斯做出了仓促的判断和假设。

这并不意味着我无视马库斯，让他为所欲为。这意味着我可以把注意力集中在他真正在做的事情上，并对此做出回应，而不是预设他准备制造麻烦并反应过度。我还可以留意到我的倾向，即认为他是故意要让我的工作变得更困难，而实际上他的行为可能是由许多与我无关的因素所引起的，如缺乏父母的支持和发育不成熟。

当我留意到我的评判时，我可以有意地扩大我对马库斯的认识。我意识到他的铅笔坏了，我可以给他一支新铅笔，这样他就可以跟上进度了，而不是因为他不专心而着急地责备他。

通过这种方式，我完成了三件重要的事情：（1）我让自己冷静下来（如果没有必要，为什么要为某件事情而大动干戈？）；（2）我避免与马库斯发生冲突，这会破坏我与他的关系，并在学习环境中造成紧张，这可能会影响其他学生的学习；（3）我通过回应马库斯的需求来加强与他的关系。

我写这本书的目的是帮助你把正念觉察运用到你作为教师的日常生活中。当你这样做时，教学将变得轻松愉快。你将建立一套内部资源，培养韧性和复原力，防止压力过大和精疲力竭。你将会加深与学生的关系，因为你将更全然地接纳原本的他们，而不是期待他们成为你期待的样子。

最后，你将变得更加积极主动，减少下意识反应。你会发现，即使在一大群年轻人聚集的混乱中，你也会变得更加冷静和专注。你的沉着会起到催化剂的作用，让你通过示范模范行为和坚定而温和的指导来塑造社交互动和感知情绪氛围。

这种平静、宽广的觉察将帮助你把正念融入教学，并开发创造性的方法教授内容，使你的教学更加生动，激励学生的学习。

人际关系正念

我上面所描述的是个人层面的正念练习：在当下对内在过程保持非评判性的觉察，包括思想、感受和身体感觉。正念也可以应用于我们与他人的关系中。我们称之为人际关系正念。

我和我的同事开发了一个人际关系正念的定义，我们将其应用于我们与教师和家长的工作中。这个定义包括以下行为的培养和践行：

- 全神贯注地倾听他人；
- 全然地觉察在互动中自己与对方所呈现的情绪；
- 对他人的想法和感受，保持开放、接受和接纳的态度；
- 自我调节：对他人行为的情绪和行为反应慢，减少下意识反应；
- 对自己和他人的行为保持同理心。

智慧传统的一个核心原则是，正念觉察包括一种联结感，即认识到作为人类，我们本质上是相同的，我们需要相互关心才能生存和繁荣发展。这种认识促进了对他人深切的尊重和同理，并希望减轻他们的痛苦。

在今天的教育领域，我们强调探索哪些专业能力是做好教学工作所需要的，也称为“心智习惯”。“心智习惯”被定义为“当遇到问题，而答案又不能立即知道时，那些智慧的行为方式”。练习正念觉察可以帮助我们培养这样的习惯，如应对挑战的复原力，非评判性地觉察和反思我们的经验，灵活地解决问题，调节情绪，以及表达对他人的关怀和同理心。

当我自己陷入痛苦的想法和感受、表现得很糟糕时，我的正念觉察练习帮助我认识到我在做什么，停下来，并原谅自己。然后，我可以采取必要的行动来弥补我可能对他人造成的伤害。

人际关系正念的应用帮助我识别和理解学生、家长和同事遇到类似困境的时刻。从同理心出发，我可以同理他人的处境，即使是在双方关系不佳时，也可以为他们提供所需的社会支持，而不是陷入防御或敌意之中。

参与人际关系正念的过程通常从倾听开始。多年前，当我在幼儿园教书的时候，一位家长很愤怒地来找我，说一个同学打了他四岁的女儿，他很生气。

儿童还不具备成熟的自我调节能力，因而在生气时可能会采取攻击性行为。当孩子们在学校里打人时，这种情况发生在转瞬间，老师很难阻止。虽然打架在幼儿园环境中并不罕见，但家长们常常对这种行为感到恐惧。

这位父亲给我打电话时已是下午时分。他大喊大叫，我不得不把听筒从我的耳朵上拿开。我希望和他谈谈，建议我们当面讨论这个问题。于是我们安排了第二天的会面。

那天晚上，我留意到自己对第二天的见面越来越焦虑，感觉恐惧在我内心深处形成。我口干舌燥，脑子里想着该对他说什么。这些想法从极端的防御（“他打得太快了，我无法阻止”）到自以为是的愤怒（“我不该被这样对待。他太不尊重人了！”）。

然后，我开始同情这位家长，认识到看到自己的女儿受到伤害对他来说是多么难过。我把注意力专注在我的会面目标上：我希望能全然地聆听这位家长，并希望通过对话解决他的担忧。慢慢地，我感觉到我的愤怒和防御情绪消失了。

第二天，我见到了这位父亲。此时，他已经有些不耐烦了，但当他描述得知另一个孩子打他女儿时的感受时，他的怒火再次爆发了。他开始指责我，指责我没有提供足够的监督，并危及了他孩子的安全。我没有试图为自己辩护，而是静静地听着。我留意到我的身体绷紧了，胃又开始难受了，但我保持深呼吸，这些感觉慢慢平息了下来。

当我这样做时，我开始留意到他的痛苦。我很理解他的感受。保护他的孩子不受伤害的需求是最原始的，同时他对感知到的威胁也产生了强烈愤怒，在那一刻，他认为我代表了这种威胁。

我感受到了他的愤怒：他眼睛里强烈的怒视、紧握的拳头和咆哮的声音。经过几分钟仔细观察和聆听他的长篇大论，他的怒气开始减弱。我保持与他同在的聆听态度让他的愤怒火苗慢慢减弱；如果没有我的防卫或愤怒的反应，他的愤怒就没有燃料了。

突然，他话说到一半就停了下来，不好意思地环顾四周，说："哇，我真的有点激动了，是吧？"

我轻轻一笑，说："当孩子受到伤害时，你想保护她，这真的很不容易。我理解你的感受。"

从那以后，我们的谈话发生了变化。

我告诉他，不幸的是，打人事件发生在幼儿园，我们真的很难控制那个瞬间。同时我也说，我们正在采取积极的措施，帮助孩子们预防攻击行为，教他们如何果断地阻止其他孩子伤害他们。在角色扮演中，孩子们练习告诉另一个孩子："不要打我！"我给了他在家教女儿这些技巧的建议。他松了一口气，离开了会议，并准备帮助我们预防今后的打人事件。此外，他还意识到，他不可能保护他的小女儿不受任何痛苦的影响，他能帮助她的最好方式是教会她相关的技能，而不是攻击和指责她的老师。

在这个例子中，我开始在处理人际关系中运用正念，全神贯注地倾听这位父亲的表述，同时对自己的情绪保持一种在当下的觉察。当我使自己平静下来时，我能够认识、理解并接纳他的想法和感觉。尽管他的愤怒是针对我的，但我明白他的情绪是出于保护女儿的需要，而不是想要伤害我。

认识到这一点有助于我继续自我调节。我把注意力集中在我的呼吸上，这样我就能保持冷静，并对这位父亲产生同理心。我认为我平静的举止、我脸上关切的表情以及我的沉静让这位父亲听到了自己的声音，并认识到他自己的过度反应。

人际关系正念的心态有助于我们认识到自己的行为是如何影响到学生的。我们的学生主要通过观察和回应我们的行为来学习社会价值观。铭记我们的价值观。这包括以诚实的评估和成熟的洞察力来回顾和反思我们的行为，而不是下意识地反应。练习正念觉察有助于我们更清晰地看清事物的本质，并带着意愿、清晰的头脑、善意和同理心与他人及环境互动。当我们发现自己的行为让我们感到后悔时，它也会帮助我们学会善待自己。

我在幼儿园里教书时，有一天，我注意到一个名叫哈维尔的男孩正聚精会神地盯着我们教室里的鱼缸。一开始我认为他在浪费时间，需要重新引导他。但我花了一点时间留意自己的评判，阻止自己打断他，并花了几分钟观察他。我们正在学习一个关于鱼类的单元，所以我意识到，在观察鱼缸时，他实际上可能在应用我介绍的关于鱼类基本生理学的知识。

当我帮助其他孩子时，我偶尔会用余光留意他的状态。他在鱼缸附近待了整整10分钟，只是盯着鱼。在他完成这些后，他走到我身边，脸上露出灿烂的笑容。他看起来好像刚刚有了他生命中最重要的科学发现。他说："詹宁斯老师，鱼不会打响指！"我笑了笑，意识到他把对鱼的研究与他刚学会的兴趣——打响指，结合起来了。

在这个例子中，只要花点时间注意到我对哈维尔行为的评判，我就能自我调节，这样我就能以更开放的心态接受和接纳他的想法与感受，并理解他和他的发现。我没有批评他浪费时间，而是意识到他对这个东西的兴趣，并能够同他一起兴奋。

当我在教书的时候，常常感觉教书像是一场持续不断被要求和会让人分心的活动。一个学生需要我帮忙解决问题，另一个学生需要我帮助她保持在正确的方向。我必须留意其他学生的行为，同时还要记住我教的内容。这一连串的要求可能造成一种错觉，那就是没有时间全神贯注地聚焦于正在发生的事情，也没有时间全然地倾听学生的意见。当我把觉察带到我的教学中时，感觉时间慢下来了。当我的头脑没有被过去和未来的大量想法所分心时，当我面对现在发生的事情时，我发现时间比我以为的要多，而且我开始留意到学生的需求。当我发现自己因为感觉课堂混乱而变得焦虑时，我可以停下来，冷静下来，用心觉察正在发生的事情。在这些时刻，我常常意识到我脑子里很混乱，而课堂实际上的一切都很有序。

正念，无论是在人际关系还是个人内在，都可以在教学中发挥重要作用。正念觉察和正念行为可以帮助我们保持冷静、同理心，更能清楚学生的需求和兴趣，同时帮助我们在高要求工作中形成保持健康所需的应变能力。

在教学过程中练习正念觉察让我们能够积极主动地管理课堂。我们可以注意到孩子们什么时候会偏离任务或开始捣乱，从而调整自己的状态来预防问题的发生。为了在任何时候都能留意到整个教室里正在发生的事情，同时对个别孩子的需求做出回应，我们必须能够将注意力从整个教室转移到个别孩子身上，然后再转回来，而且要做到切换自如。这需要极为灵活的专注力，我们可以通过定期进行正念觉察练习来培养这种灵活性。

同时，我们必须处理一系列的情绪变化。我们定期观察和处理孩子之间出现的冲突。有些学生表现出挑战性的行为，我们发现这些行为在情感上具有挑衅的性质。家长和管理者可能会对我们提出批评和要求。此外，我们还面临着高压力考试的挑战。有的学生还没有准备好应对考试，其中一些人存在社交互动和行为问题，他们没有得到足够的支持。

由于我们花了大量的时间将注意力集中在这些要求和科目内容上，我们可能没有意识到自己或学生的情绪状态。此外，尽管我们在一个容易情绪化的环境中工作，但我们仍要保持冷静，以专业的态度支持学生、家长和管理人员的需求。

当我们花时间留意自己的情绪状态时，它可以帮助我们了解自己情绪反应的根源，并找到更好的办法来管理情绪。让我们用一位老师的例子来探讨这个想法，这位老师将正念觉察用在管理她的情绪状态，让她可以用一种新的方式与学生互动。

凯伦是一所私立预科高中的英语教师。学校对学生的期望非常高。作为一名新教师，她被分配到教师们最不喜欢的班级：高一英语班。在一次正念研讨会上，她表达了对教学感到焦虑的情绪。她的举止羞怯而不安。然而，凯伦对正念觉察练习和如何将其应用于教学的指导回应非常积极。

在随后的正念训练中，我观察到她的举止发生了巨大的变化。她的站姿变得更挺拔了，看起来更自信了。研讨会开始时，我们请与会者分享他们在教学中应用正念觉察的体验。凯伦是第一个举手的人，她分享了一个精彩的故事。

有一天，她来到教室，准备上语法课。那是在放假前的几个星期，她面对的是一班烦躁不安的新生。他们最不想做的事情就是学习语法。她对全班同学说："今天我们将学习虚拟语气从句。"全班同学都抱怨："我讨厌语法！为什么我们要学习这个愚蠢的东西？"面对这种负面情绪的冲击，她想逃跑，想躲起来。但她没有这样做。她想起了在研讨会上学到的方法，开始觉察自己的身体。她感觉到压力袭来，膝盖也开始颤抖。她能够将正念觉察带入感受到恐惧的身体部位。

然后她开始做一些深呼吸，让自己平静下来。班里的抱怨仍在继续，但她有意识地避免将这些抱怨个人化。当她平静下来时，她开始留意到学生们的情绪。这些情绪是强烈的不情愿。她想知道她是否可以借助这个状态引导学生们学习些有用的东西。

她说："好吧，我看到你们真的不喜欢语法。那么请告诉我，你们为什么这么讨厌语法？"当她的学生开始解释他们对语法的感受时，她有了一个想法。

"好吧，我们要做的事情是这样的。我想让你们写一首关于你们为什么讨厌语法的诗。但有两条规则，你们必须遵守：第一，你们不能用'讨厌'这个词，因为那太容易了。想出一个更清晰的方式来表达你们的感受。第二，你们必须在所写的诗中包含一个虚拟语气从句。"

她的学生们对挑战感到兴奋，于是安静下来，开始做作业。到下课时，他们交了一大堆优秀的诗。其中有几首诗是带着令人难以置信的苦涩和讽刺的口吻，但他们都避免使用"讨厌"这个词，并加入了虚拟语气从句。

当凯伦讲述这个故事时，她的脸上闪烁着光芒，仿佛她终于发现了管理一群吵闹的青少年的秘密。她成功地让学生们参与了一项富有成效的学习活动，而不是绝望地试图控制他们。

几个月后，我回到这所学校参观，碰到了凯伦。我问她现在情况如何，她说："说实话，今年早些时候，我还在想我不适合当老师，正考虑是否要辞职，但这次研讨会改变了这一切。我现在真的很享受教学。"她脸上的微笑印证了她所说的话。

练习正念觉察可以帮助我们管理压力，改善教学和学生的学习状态。

这种简单的做法可以帮助我们减少把某些行为和困境个人化。我们可以后退一步反思并找出如何以一种新的方式——一种能够吸引和引导学生的精力的学习方式，而不是以对抗的方式来应对这种情况。

觉察之轮和八感

让我们花点时间来思考这个问题："什么是心？"虽然我们一直在学习正念和正念觉察，但我们还没有探索心的本质。丹尼尔·西格尔是人际神经生物学领域的创始人，他将心定义为"一种调节能量和信息流动的具体化和关系化过程"。

在这本书中，我们将探讨如何促进心平衡能量和信息流。我们体验到心是一种不断涌现的、相互作用的人际互动过程。能量和信息流在我们内部和我们之间流动，而心调节着这一过程。

当我们有意识地引导我们的注意力时，我们有能力调整这个过程。我们可以通过八种感官有意识地关注内在和外在的体验。西格尔将这个过程隐喻为"觉察之轮"。

想象一个轮子。它的中心是我们的意识，边缘包含八种可以被我们感知到的对象。辐条代表我们的注意力。

我们绕着图1.1中描述的觉察之轮走一圈，并探索各种可能性。我们将从位于图中右上方的前五种感官（视觉、嗅觉、听觉、触觉和味觉）开始。这些感官给了我们关于外部物理世界的信息。我们可以把注意力集中在这些感官的感知上。

例如，我们可以把注意力集中在一朵美丽的玫瑰上。我们看到花瓣上微妙的粉红色，闻到甜美的味道，感受到了柔软的花瓣和刺的刺痛之间的对比。我们可以注意到风铃响起的混合音，并品尝到橘子的香甜。当我们

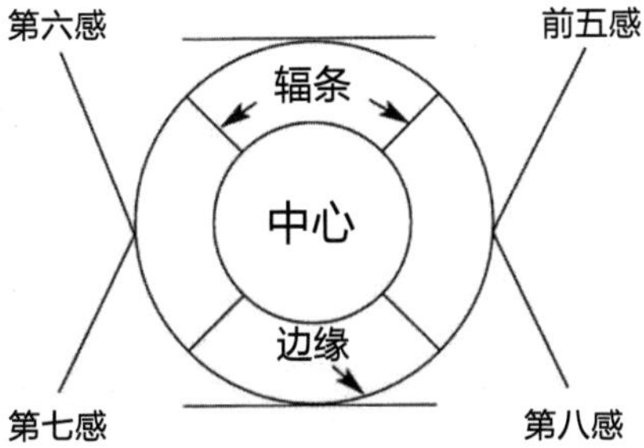

图1.1　觉察之轮

摘自丹尼尔·J. 西格尔（Daniel J. Siegel）所写的《正念的大脑：培养幸福感的反思和调整》（*The Mindful Brain: Reflection and Attunement in the Cultivation of Well-Being*）

将正念带入我们对外部世界的感官体验时，我们注意到世界的丰富多彩。我们会意识到，原来在生活中我们对这个不可思议的世界的感受经常是麻木的。

接下来我们以逆时针顺序绕着轮子移动到第六感，它位于轮子的左上方。我们的第六感包括我们内在的身体感知。带着正念觉察感受我们的内在体验，我们可以感受到我们身体的内部。西格尔称这为“具身体现”。在辛苦工作了一天之后，我们注意到脖子和肩膀的僵硬，我们注意到与情绪相关的身体感觉。当我们生气时，我们可以感觉到我们的下巴紧咬，紧张和热量上升到我们的头部。当我们害怕时，我们可以感觉到恐惧在我们的胃里滋长。

我们的语言包含了许多传达这些体验的表达方式：“头脑发热”“怒火中烧”“害怕得要命”。这些身体感觉是为了我们身体生存下来而产生的下意识反应。它们是由大脑边缘系统的战斗或逃跑或僵住等反应机制引发的。当我们培养出把正念融入这些身体感觉的能力时，我们可以在情绪绑架我们之前留意到自身的下意识反应。

继续逆时针绕着轮子走，到图1.1的左下方，我们就有了第七感。我们可以将正念觉察导向我们的概念性思维内容——思想、图像、信念、态度、假设、偏见和意图。

当我们练习正念觉察时，我们开始留意到我们的心有自己的想法，可以说是有心无力。我们留意到我们的心是如何分散注意力，把我们的注意力从当下转到与抓取和拒绝未来和过去有关的无尽的问题。比如："我今天中午应该吃什么？""我昨天太傻了。我想知道她是否还在生我的气。""我该如何解决这个问题？"当我们觉察到我们的注意力已经游离时，我们要轻轻地把它带回当下。

西格尔把这种觉察称为心智觉察，因为它让我们洞察到心智的运作方式。我们意识到其他人也有类似的经历，这让我们了解到其他人可能的想法。

绕着轮子逆时针行驶到下一站，我们的第八感，位于图中的右下方。第八感是关系型的。它是我们将自己与他人调和的能力。当我走进一个刚刚发生过激烈交锋的房间时，我可能会感到紧张，而这不需要别人告诉我。当我和一个学生分享快乐的时刻时，我们在那一刻是和谐相处的。当我们将正念觉察应用于第八感时，我们正在练习人际正念。

当我看着我儿子的眼睛时，我能感受到我们共同的爱。当我在教学时，全班同学都在参与，有一种共同关注的感觉，有新发现的兴奋，也有共同学习的喜悦。正如你将在第六章中发现的那样，正念觉察与学生的关系可以帮助你调动课堂氛围，促进学生的参与和亲社会行为。

练习正念觉察的积极作用

越来越多的心理学家正在使用基于正念的干预措施（MBI）来成功地缓解各种身心疾病。25年来，研究人员一直在研究这些干预措施的效果，随着这项研究的成果越来越为人所知，人们对这些干预的兴趣在过去十年中急剧增长。

最广泛研究的基于正念的干预措施是基于正念的减压（MBSR），由正念中心的创始人乔·卡巴金开发。卡巴金在几十年前就开始了将正念医学训练用于帮助人们应对传统医学无法治愈的疾病，如慢性疼痛。许多严谨的研究表明，MBSR可以减轻压力，提高幸福感，使心理功能更具有适应性，并增强认知功能，包括专注力技能。

此外，基于正念的干预措施（MBI）作为对抗心理痛苦的缓冲，促进了心理调节过程和对身体的感知，增强了复原力，改善了情绪状态。其他好处包括增强了积极情绪、同理心和免疫系统功能；缓解压力和焦虑；降低抑郁症治疗后复发的概率，以及减少药物滥用。MBI也促进认知的灵活性和自我反思。通过这种方式，他们可以帮助教师减少对学生行为的情绪反应，从而避免情绪疲惫和倦怠。

专注和开放觉察可能对与创造力相关的认知功能产生不同的影响。一项研究表明，开放觉察可以促进发散性思维。这种思维有利于产生和考虑多种想法和解决方案，这对需要高度创造力的活动至关重要。

最近的研究表明，MBSR促进了大脑结构发生显著的变化，这些大脑区域与改善学习和记忆过程、情绪调节、自我关照和不同维度思考相关，所有这些都是有效的教学和学习的关键技能。

我们仍然不能完全确定为什么以正念为基础的项目和疗法会如此有用。一种说法是，通过以这种方式练习觉察，我们加强了大脑前额叶皮层和边缘系统之间的联系，因此，能够更好地利用我们的执行功能来克服情绪的下意识反应。这可能会促进一个去中心化的过程，据此我们能够在心理层面上退后一步，观察我们的想法和感受，不被它们绑架。与令人不安的想法和感受保持更大的距离，可能会使我们更容易把它们仅仅看作想法和感受，而不是把它们当作现实。

当我们遇到困境或变得“压力山大”时，我们的情绪往往会很容易被触发，并以我们可能没有意识到的方式做出下意识反应。我们说话的语气变得很严厉。我们会反应过激。当我们学会将正念应用于我们的生活经历时，我们就更能意识到自身的惯性反应，并觉察到我们的下意识反应和情绪触发点，这些反应让我们远离正念状态。换句话说，通过练习正念觉察，我们可以不再情绪化地处理事情，打破消极反应的循环，增强我们的专注力，并能更有效地解决问题。

在过去的十年中，研究人员把他们的注意力转向探索MBI是否可以提供教师所需的技能，以有效地管理压力，创造和维持社交互动和情绪支持的学习环境。这种探索始于这样的想法，即MAPs对从事助人领域工作的人普遍有益。现在有几个项目显示，它们可以帮助教师们减轻压力，增强复原力和提高效能。这些项目在第七章“教师循证项目”中会有详细描述。

正念技能练习

现在你知道了什么是正念觉察，如何将其应用于教学，以及它如何支持你在课堂上保持镇定和全身心投入的能力，让我们来谈谈如何实践它。我将首先描述正念觉察的两个基础练习，然后给你一些指导。

每天的正念练习可以帮助你加强你的“觉察肌肉”，这样你就可以更自如地将它们应用于你的教学中。有许多方法可以进行正念觉察练习。也许你已经有了一套这样的练习，如果你有，我鼓励你继续进行你已经培养的常规练习。如果你是新手，我鼓励你找一个固定的时间进行正式的、坐着的练习，这样你可以每天坚持。我发现对我来说，早上第一件事就是坐着练习，效果最好。

如果你觉得需要更多的支持，请在你所在的地区寻找一个MBSR项目，并报名参加为期八周的项目。找一个能亲自提供指导的老师，这有助于你对练习的理解。另一种选择是，尝试每天实践下述的练习。你可能希望录下自己朗读说明的过程；这样的话，你就可以为你的引导式正念觉察练习创建一个定制的音频记录。

集中注意力

第一个也是最基本的正念觉察练习，通常被称为专注。它涉及有意引导和保持对一个目标的专注。这种练习有助于内心平和。这种形式的练习包括有意但温和地将注意力放在你的呼吸上，留意每次吸气和呼气的感觉。如果你是MAPs的新手，我建议你从这里开始练习。这种练习将帮助你建立对内部体验的觉察，并让你的身体安稳下来。它涉及三个主要方面：姿势、专注和分心。如果你能有一个空间，让你每天都能心无旁骛地练习，那是最理想的。

练习坐在椅子或坐在垫子上。如果你坐在椅子上，把脚平放在地板上会有帮助。如果椅子太高，你可以在你的脚下面垫一个垫子。坐在椅子的前方，这样你的下背部就不会靠在椅背上。如果你练习坐在垫子上，在你的臀部下放置一个有支撑力的垫子，并将你的腿交叉放在面前。另一种方法是使用冥想长凳，让你坐着，把腿塞在长凳下面。

挺直腰背，但不要太僵硬。想象一下，你的脊柱被一条从头顶上垂下的线吊着，连接到天花板上。这将有助于保持你的姿势挺拔而不紧绷。轻轻地以一种感觉舒适的方式把你的手放在你的腿上。你的手臂垂放在肩膀下，而不会感觉到紧绷。你的手可以放在你的大腿上，或者折叠放在你的脚上。

接下来，留意脸部表情。它应该是放松的。你可能会留意到你的下巴很紧。看看你是否能放松下巴和面部的所有肌肉。你的眼睛可以睁开或闭上，以你感觉舒服的方式为准。如果你闭上眼睛，要轻轻地闭上，不要眯着眼睛或强迫闭上。如果你更愿意睁开眼睛，放松你的视线，稍微向下看。有些正念引导师会鼓励你睁着眼睛练习，以帮助你在正念觉察和你的日常生活之间架起一座桥梁。然而，有些老师认为这样做会让人分心，而另一些老师则认为这两种选择都可以。你可以体验一下，看看哪种方式对你最适用。

在这个练习中，主要关注呼吸的体验。留意感受简单的、正常的呼吸。有时可能觉得很困难，因为当注意力集中在呼吸上时，往往会试图通过深呼吸或长呼吸来改变呼吸节奏。然而，在这个练习中，你尽可能正常地呼吸。

当专注在呼吸上时，简单的呼吸动作就变得丰富和生动起来：感受到凉爽的空气进入鼻孔的感觉；空气充满呼吸道和肺部；每次呼吸时膈膜到腹部上下浮动的感觉；离开鼻孔时的空气是湿润、温暖的。在这个练习中，最好把注意力集中在一种感觉上。你可以选择自然吸引你注意力的点。

一旦你进入练习状态，可能会出现分心。你的思绪会从呼吸中游离开。练习是简单地意识到你的思绪已经游离，并轻轻地把你的注意力移回到呼吸上。

你如何对待这个注意到你思绪游离并将其带回呼吸的过程是非常重要的。引导注意力回到呼吸时应带着温和、非评判的态度，严苛的评判对你的练习没有任何帮助。重要的是要认识到这种游离是正常的大脑活动，而把注意力邀请回到呼吸上就是练习本身。

温和地应对分心的情况也很重要。你可能会因为某种特定的想法、感受或身体感觉而分心。你可能会因为脖子或肩膀疼痛而无法专注在呼吸上。你可能会想到一个让你担心的学生。你可能想起一些你觉得应该要做的事情，并担心如果你继续练习会忘记这些事情。当你留意到自己分心时，你可以立即回到呼吸上。然而，最好是花点时间留意到这种分心（例如，“我的脖子痛得让人分心”）。通过这样做，你可以了解到你内在体验的模式和内容。

当你走神时，你可以留意到思绪一直在游离，并留意让你分心的事物——例如，“想法”、“膝盖酸痛”或“鸟叫声”——然后将你的注意力带回呼吸。随着时间的推移，在保持专注的同时，也会提高对周围环境的敏感度。通过练习，正念觉察可以应用到日常生活中，使你更充分、更持续地体验到当下的丰富性。

正念觉察的特点是对所经历的一切保持好奇和开放的态度，而没有评判或先入为主。这可能包括要留意和探索任何先入为主的观念。例如，当我把注意力集中在我的呼吸上时，我的思绪开始游离：“我想知道午餐吃什么。”我的第一个冲动可能是想：“哦，不！我分心了；我在想午餐的事。我不能这样做。”为了不被这些思绪冲昏头脑，我们可以简单地留意到自己分心了，也留意到自己在评判自己的分心。我可以轻轻地把注意力重新邀请回到呼吸上，而不需要对问题进行过多的讨论。

一个常见的误解是，我们应该在练习中停止思考。如果你有这种误解，你可能会觉得正念练习不适合你，因为你无法停止思考。认识到即使是最资深的练习者也会有分心的状态，这一点非常重要。在练习过程中，出现一些想法和感觉是很自然的。重点是要留意到分心时自己的想法和感觉，并轻轻地把注意力邀请回到练习中。随着时间的推移，你的思绪会慢慢安稳下来。

在此分享一个很多人都觉得有帮助的比喻。想象有一杯清水。现在想象，你把一勺子泥土倒进杯子里，然后搅拌。水会变得浑浊而不清澈。如果你停止搅拌，让泥土沉淀后，很快水又变得清澈，泥土在玻璃杯底部形成了一层沉淀物。你的心就像装满泥土的玻璃杯。如果你允许你的心平静下来，它将变得清晰。你可以心平气和地融入当下。

随着时间的推移，通过练习，你更能觉察到自己的想法和感受。你能注意到哪些想法和感觉会吸引你的注意力，哪些更容易放下。虽然这听起来很简单，但一开始可能是相当困难的。有时你可能几乎无法将你的注意力集中在呼吸上，稍不注意就会走神。但是，留意到这种走神并努力有意识地把注意力邀请回到呼吸上，正是这种练习的意义所在。

你会开始意识到，你不等于你的思想。你会留意到，你的心有自己的想法。可以说，思考在某种程度上是下意识的。随着时间的推移，思想会变得不那么突出，你的心会进入一种平静的状态，这些思绪更像是背景噪声，不会经常吸引你的注意力。这将增强你专注力的灵活性和集中性。它帮助你了解到你可以转移你的注意力，并留意到你的注意力不在目标上。就像体育锻炼可以锻炼肌肉一样，正念觉察的练习可以培养注意力的专注度和灵活性。

一旦你的注意力变得比较稳定，你就会慢慢留意到你内心体验的变化无常。想法和感觉来来去去。当你学会以接纳、开放和慷慨的态度面对你的体验时，你会意识到你在任何时刻所经历的只是那一刻“原本的样子”。你会发现，你的想法经常导致你误解当下发生的事情。你可能会注意到，你正在把过去的经历或对未来的期望投射到当下。

设定意愿

设定意愿并清楚自己为何想实现目标可以为个人转型提供强有力的支持，让你成为你想成为的老师。这个简单的练习可以帮助你在一天繁忙的工作中变得更加专注和清晰。

花点时间反思一下你为什么想成为老师。想想激励你的价值观。我们的价值观为我们的有意识的行为提供了动力、愿景和方向。我们可以反思自己的行为，以确定它们是否与我们的意愿一致。在一天里，我们可以花点时间检查一下，看看我们是否朝着目标前进。

例如，我设想有这样的世界：在这个世界上，老师和其他成年人以同理心和冷静的态度支持儿童的成长，但又不限制他们。在我的日常工作中，我可能会设定一个意愿，在我感到烦躁时，我会回想自己的意愿，并在过度反应之前让自己冷静下来，花点时间重新思考我想怎么做，并弄清楚我的意愿。这可以在需要的时候提醒我，让我更容易留意到自己的感受，并在需要时冷静下来。如果我忘记了，下次我就会注意并记住它。这就像一个导航系统，在我偏离轨道时提醒我，帮助我回到正轨。我在开始练习正念时就设定了我的意愿。当我花点时间回忆我保持定期练习的意愿时，它可以帮助我保持每天练习的动力。

设定意愿与设定目标是不一样的。如果我没有达到目标，我可能会失望，好像我失败了一样。设定意愿并不假定我将到达终点，而是假定我将坚持到底。设定意愿是温和而包容的。在一整天中，我可以检查我的意愿，看看我是否仍在正确的方向上。如果有必要，我可以随时调整它，或者重新设定它，再继续我的生活。

我邀请你从一个非常简单的练习开始。考虑一下你今天剩余时间的打算。花一些时间来思考这个问题。例如，你可以决定："我的意愿是在今天剩下的时间里保持平静和专注。"一旦你确定了你的意愿，你将专注在它身上，持续一段时间。这就是我们"设定"意愿的方式。

我建议你每天早上都练习设定你的意愿，并在白天检查。只需要一分钟的时间来思考这一天，考虑你今天想做什么，并决定你想怎么做。例如，我可能会想，"我的意愿是享受今天的课程"，"今天我打算找到一些积极的东西来享受"或"我的意愿是在过渡期保持平静"。

与我共事过的许多老师习惯在他们下车进入学校前设定自己的意愿。他们发现这很有帮助。他们经常在午餐或课间休息时检查自己的意愿。一些人用手机设置提醒来提示自己反思。你可以在本子上写下自己的意愿日记，这能帮助你记住自己的意愿。

三个呼吸

有时，我们需要在一天中稍作停顿，并以片刻的正念觉察来强调这一点。过渡期的氛围可能很紧张，教室里会一片混乱。就在我要开始讲课时，校长通过对讲机宣布了一个消息，让我们感到挫折的事情发生了，情绪也开始被激发了。当这种情况发生在你身上时，你可以依靠一个简短而简单的练习来平静你紧绷的神经系统。你只需做三次深长的、缓慢的、有意识的呼吸。

第一次尝试三个呼吸的练习时，把手放在腹部会有帮助。你要用横膈膜呼吸，这样你的身体会充满空气。吸气时你会感到腹部胀起，呼气时腹部回落。感受空气从你的鼻子流向身体到肺部深处。然后感觉空气从你的身体流出。重复这个动作共三次。

要注意不要过度换气。你的呼吸应该相对缓慢和深沉，但不会让人感到不舒服。不要屏住呼吸或试图太快地吸气或呼气。第三次呼吸后，让你的呼吸恢复正常节奏，留意你身体的变化。

你正走在培养正念觉察的道路上。现在你已经有了两个基本练习，以及一个在紧张时使用的练习。我鼓励你花一些时间来坚持日常练习。在一天中，找到合适的时间，自然地将基本练习纳入你的日程表。你不需要花很多时间。开始时如果你能在每天用5分钟练习专注和用1分钟来设定你的意愿，就可以了。最重要的是保持规律的练习。随着时间的推移，当正念练习变得越来越自然时，你可以开始把时间延长到10分钟或更长。

在下一章中，你将学习如何应用正念觉察来重塑教学中的情绪艺术。

CHAPTER 2 | 第二章

教学中情绪的艺术

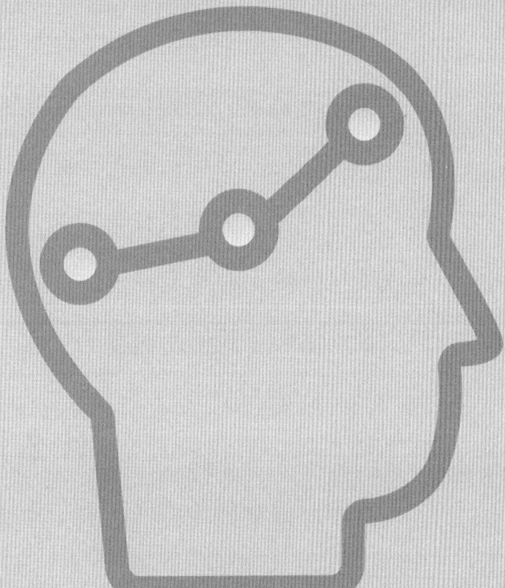

教学的核心是一种“情绪的实践练习”。积极的情绪，如兴趣、好奇心和快乐，是学习动机的基础，也是培养安全感和联结关系的基础，这对建立有效的学习社区至关重要。另一方面，消极的情绪，如悲伤、恐惧和愤怒，会抑制学习过程。

课堂包含了丰富的个人情绪体验（发生在教师和每个学生身上的情绪变化）和人际情绪体验（发生在同龄人之间，教师和每个学生之间，以及作为群体情绪的社会体验）。就像我体验自己的情绪，并与每个学生都有情绪关系一样，每个学生都有内部和外部的情绪体验。

在这种复杂性之外，还有在教室内的小社会群体，如亲密的友谊、“损友”、竞争和小团体。最重要的是，无论是积极的情绪还是消极的情绪，都会传染给整个群体，并吸引到同步的情绪体验中。当你考虑到每天在教室里发生的大量社交互动和情绪变化时，这确实令人吃惊。

在这一章中，我们将探讨情绪的本质，以及它们在教学和学习中发挥的关键作用，包括有意识的和无意识的。你将学习如何将正念觉察应用于你的情绪体验中，来帮助你识别、理解和有效地调节内外部的情绪状态。你将学习社交互动和情绪状态如何影响学生的学习和行为，以及如何运用正念觉察来认识、理解和调节学生的情绪、行为和学习。

当我们可以管理自己的情绪时，我们就可以利用它们的力量来巧妙地管理学习氛围，促进亲社会行为，提高参与度和取得学业进步。因此，教学就变得愉快而有意义。这也加强了我们对教师这一职业的承诺，并在挑战出现时培养了我们所需要的复原力。

什么是情绪

研究者越来越一致地认为，情绪可以被定义为“在相对较短的时间内展开的多种反应，比如肌肉紧张、释放激素、心血管变化、面部表情、注意力和认知变化等”。通常情况下，情绪变化开始于对触发反应的特定情况的有意识或下意识的快速反应。

查尔斯·达尔文提出，情绪是天生的、普遍的功能，是为了我们确保生存下来而进化来的。心理学家保罗·艾克曼在自己职业生涯早期曾想测试达尔文的理论。那是在20世纪60年代初，行为主义是当时心理学的主流方法。艾克曼从事这项研究是一个冒险的举动，因为许多行为主义者认为情绪反应只是社会条件反射。

在前往新几内亚的高地时，艾克曼研究了当地的部落居民，这些居民从未接触过西方人，因此没有受到我们社会条件的影响。艾克曼推断，如果这些人将同样的面部表情，与西方人通常有情绪反应的情况联系起来，这将证明情绪表达的普遍性。他发现，他们不仅以与西方人相同的方式诠释这些情绪，而且当被要求对假设的情况做出相应的表情时，这些表情对西方人来说也很容易理解。例如，他可能会要求一个部落的人向他展示，如果他身边的人死了，他会做出什么表情。部落的人脸上的表情与我们所认识的悲伤表情相同：嘴和眼睛下垂。

艾克曼发现了快乐、悲伤、愤怒、恐惧、厌恶和惊讶的普遍表达方式。这些基本情绪在每一种文化中都可以找到，而且它们有明确的适应功能，在其相关的生理、认知和行为反应中都很明显。例如，如果我的身体受到威胁，我可能会开始感到愤怒，荷尔蒙和神经递质等大量的激素会让我做好准备保护自己。我的心率和呼吸会加快，使我的四肢充满力量，为战斗做准备。我的脸会扭曲成可怕的表情，我的声音会变得响亮而刺耳，我的眼睛会瞪大，这些反应都是为了吓唬攻击者。

我们越是了解我们的情绪和情绪模式，就越能更好地管理它们。当情况激起强烈的情绪时，我们可以带着正念觉察这种情绪。这给了我们更多的回应的选择，因为觉察在体验和回应之间提供了空间，让我们可以有觉知地回应，而不是做出下意识的情绪反应。奥地利精神病学家、大屠杀幸存者维克多·弗兰克尔用这句名言描述了这个过程："在刺激和反应之间有一个空间。在这个空间里，我们有能力选择回应方式。在我们的回应中，孕育着我们的成长和自由。"

情绪是有不同维度的，就类似它创造了一种有丘陵和山谷，以及不断变化的天气的景观。科学家们已经开发了许多理论模型来解释这些不同的维度。在这本书中，我并不打算涵盖所有这些理论。相反，我想介绍情绪的一些基本维度，让你熟悉这个领域，并为你提供"地图"和"导航工具"，以供你在探索自己作为教师经历的情绪变化时使用。我将介绍三个基本维度：价值、强度和激发。

价值

最容易感知到的情绪状态就是所谓的愉快、不愉快的状态（也被称为积极－消极态度）。每一种情绪都与愉快或不愉快的感觉相关。恐惧可能会在你的胃里产生恶心的感觉。爱往往与心脏周围的愉快、温暖的感觉相关。

社交互动和感知情绪领域的许多研究人员和教育工作者不太喜欢使用"积极"和"消极"这两个词来描述情绪，而是使用"舒适"或"愉快"和"不舒服"或"不愉快"，因为"积极"和"消极"这两个词给人的印象是积极情绪是好的，消极情绪是坏的。

我想澄清的是，事实并非如此。两者都对我们的生存和幸福起着关键作用。为了方便起见，我在这里使用"积极"和"消极"这两个词，并清楚它们所描述的情绪既不是好的，也不是坏的。

强度

每一种情绪反应都有不同的强度，体现为从非常微妙到极其强烈的情绪表现。在情绪强度较小时，愤怒可能表现为轻微的挫折、烦恼、恼怒或烦扰。在情绪强度比较大时，它可能表现为盲目的愤怒。

当我在教学时，自身微妙的情绪体验往往很难被注意到，因为我的注意力主要在外部（即讲课和确保学生的专注力）。当情绪强度慢慢提高时，我可能会突然感到愤怒并表达了这种情绪。这就好像愤怒的情绪突然就涌上来了。

然而，如果我稍作停顿，留意到自己开始感到沮丧或恼怒，我就可以进行深呼吸（必要时进行三次深呼吸），冷静下来，然后做出必要的调整，以深思熟虑而非下意识反应的方式回应引发我沮丧或恼怒的情况。

激发

情绪也可以激发或压抑我们。通常，愤怒是一种被激发的情绪，因为它能让我们做好战斗的准备。相比之下，悲伤往往会使我们屈服，帮助我们节省资源，以便更好地管理损失。巧妙地协调课堂的社交互动和感知情绪也涉及管理学生的情绪状态。

你会注意到，如果能激发适度的积极情绪，学生的学习效果最好。当一项任务既有趣又具有挑战性，但又不会太难时，学生往往会投入。我们可以通过以自己的兴趣和兴奋来诠释内容，从而提高学生们的兴趣度。

我们可以通过差异化教学来帮助学生保持参与度，以匹配学生的学习风格和能力水平。如果材料对某些学生来说太难，他们可能会失去兴趣并放弃学习。如果太容易，有些人则会变得无聊，容易分心。

情绪反应性

教学是一个特别需要情绪互动的职业。当我觉察并管理情绪化的情况，而不是下意识地做出反应时，我就会提高我的效率、应变能力和教学的乐趣。随着时间的推移，如果我不能很好地管理我的情绪，教学会使我筋疲力尽。这就是为什么我们要探讨情绪枯竭如何导致教师倦怠，并学习如何防止情绪枯竭。在本章最后，我将向你展示两个能帮助你识别和理解情绪触发因素和模式的活动。我还会提供一个简单的练习，它可以用来帮助你暂停，留意你的感受并冷静下来。

在管理强烈情绪方面，课堂中的挑战格外艰巨。很少工作要求在管理20至30名年轻人的同时，还保持沉着的职业风度。这些年轻人可能会，也可能不会安静地坐着、倾听、学习和与他人相处。我们要对学生的成绩负责，即使有多种超出我们可控范围的因素正在影响他们的动机和能力。

此外，当事情变得棘手、我们必须面临挑战时，应该管理好我们的情绪。与其他专业人士不同的是，当他们遇到强烈的情绪时，他们可以找个机会休息。而我们实际上是被困在教室里，必须同时应对当前棘手的情况和自身的情绪反应。

这对生理状态非常不好。当我们经历了强烈的情绪，但又感到自己无法控制或表达，这就像开车时同时踩下油门和刹车，对我们必然会造成一些伤害。在这种情况下，压力荷尔蒙会涌入身体。这些荷尔蒙被设计用来帮助我们处理暂时的挑战。然而，当身体内的压力荷尔蒙长期积攒时，它们会对身体产生有害的影响。

下意识的情绪反应影响教学

有一次，我给五年级的学生上了一堂关于消化系统的课，有几个学生觉得身体机能的话题既有趣又尴尬，这对10岁的孩子来说是很常见的。他们针对我试图提出的重要观点发表了一些俏皮话，或者在其他学生的笑声中回应我试图鼓励大家讨论的重点。除了我，每个人都认为这很有趣。

随着我的恼怒和挫折感的增加，我发现我很难集中精力在教学上。我觉得自己好像要爆发了，但我知道那只会让事情变得更糟。所以我忍住了怒火。愤怒之余，我上完了课，但我对自己感到失望。我太生气了，无法冷静清晰地思考。我忘记了课上的重要内容，不知如何应对学生们的行为。我还感到疲惫和尴尬，我已经尽我所能好好对待学生们。

后来，当我开始指导其他教师时，我留意到这种经历在教师和他们的导师中是多么普遍。我开始理解情绪状态对教学的重要性，我想知道这些常见的挫折体验是否会导致教师的低效和倦怠。我意识到，我们在教学过程中往往很难注意到自己的感受，因为我们的注意力是向外的，是手头的工作。如果我没有注意到开始形成的情绪反应，它就会变得难以控制，当涉及管理学生的行为时，我最终可能会做一些让我后悔的事情，这一点变得尤为重要。

例如，我曾经观察过一位实习教师，她参加了我所教授的课堂管理课程，这是准教师项目的一部分。在这门课程中，我教授的是“阿德勒式的行为管理方法”（关于这一方法的信息，详见第六章）。这种方法包括两个步骤：评估行为的动机，然后采用最适合该动机的策略。在我提到的那个案例中，一个学生卷入与老师的博弈中，拒绝清理以为课间休息做准备。在提醒了该学生几次后，这位老师显然很生气，用严厉的语气说：

“如果你不收拾干净，你就得待在这里，没有休息时间！”学生说：“那我就待在这里。”老师输了。

这是一个注定失败的局面，因为她不可能和这个学生待在教室里面；她必须和班里的其他同学一起出去。她给了这个学生一个不是选项的选择，而且用严厉的语气把它作为一种威胁。她被自己的情绪所困，吼道：“你现在必须把这些东西清理干净！”并迅速替他收拾了东西，然后把他领到外面。

下课后，我和她谈起这件事。她说：“我在课堂上试过你让我们做的事。我给了他一个后果。但这并不奏效。我认为他想让我难堪。”我解释说，这句话的语气和表达方式使你刚才说的那句话变成威胁和惩罚，而不是后果。威胁和惩罚是不会起作用的，因为她不能和学生待在教室里，学生也不能独自待在里面。从她在回应中表示的惊讶来看，对于我的反馈，她显然没有意识到自己在表达时的声调和面部表情。她对自己的印象是，她一直很冷静和客观，而不是生气和沮丧。

她对这种情况非常恼火，以至于无法意识到她通过空洞的威胁使自己陷入了失败。她也没有意识到她是如何通过为他收拾残局来加强他的反抗。她一直专注于让他出去，以至于没有看到自己的行为是如何助长了权力的博弈。

她认为整个情况都是学生的错，是学生的个人行为，认为他是想让自己难堪。她没有意识到自身反应也影响了对这位学生所做行为的反应。接下来，我将介绍如何运用正念觉察我们的情绪体验，帮助我们留意到当下的感受，以便我们能够对具有挑战性的经历做出回应，而不是做出下意识和不自知的反应。

运用觉察之轮感知情绪

在第一章中，我们了解了觉察之轮，以及如何运用正念觉察感知八种感官的体验。当我带着正念去感受情绪时，我可以借助感官来帮助自己识别和调整情绪。我会留意到伴随着情绪而来的身体变化，比如我生气时肩膀上的紧张感，以及强化情绪的想法和思维模式。

我还留意到不同感官的变化，比如语气的变化。我可能会留意到别人的面部表情因我的情绪而发生变化，并感知到人与人之间交换的情绪能量。练习正念有助于我更多地留意到这些方面。

情绪往往像音乐一样逐渐变化。它可以从非常细微的信号开始，随着强度的增加而变得越来越明显。如果我在情绪爆发前意识到这种微妙的信号，我就可以更好地在情绪失控之前进行调整。

例如，当我感到沮丧时，我首先注意到我的下巴紧张，因为我紧咬着牙。我还留意到我的手紧握成拳头。随着挫折感的增长，我的肩膀变得紧张并向上耸起，我的脸变得发热并扭曲成愤怒的表情。我的眉毛会皱起来，眼睛会瞪大，嘴巴也会皱起来。我的声音可能变得很刺耳。对其他人来说，我看起来一定很吓人！

当我这么做时，我注意到我的学生会有两种反应。有些人会下意识地变得愤怒，尽管我什么都没说。他们把我的表情理解为一种威胁，并很容易进入防御状态。另一些人则变得很害怕并退缩。他们把目光从我身上移开，避免目光接触。这两种反应都不利于学习。事实上，任何一种反应都会使学习完全偏离正轨，并破坏我与学生建立的关系。

在这种情况下，我留意到我的想法强化了我的愤怒，并且很难客观地思考目前的情况。我倾向于反复思考一个行为有多么糟糕，并认为学生是故意这样做的，想要使我难堪。强烈的情绪限制了我分析情况的能力，使我无法运用知识采取有效的应对策略，所以，我会做出下意识反应，而这往往会使情况变得更糟。

必须澄清的是，我并不主张我们永远要抑制愤怒之类的情绪。如果我们感到愤怒，完全抑制它的表达是不可能的，而且有些时候表达愤怒是重要和有用的。然而，当我们更能正念觉察到自身的情绪时，我们就能更理解情绪，并以更自觉、尊重和有效的方式调整情绪的表达。

我们甚至可以示范调整自己情绪的过程，这样我们的学生就能学会如何调整自己的情绪。例如，当我非常生气时，我可以对学生说："我现在感到非常难过，因而很难继续教学。我现在要停下来，做深呼吸，这样我就能平静下来。"我发现，当我这样做时，我的学生往往也会平静下来。大多数学生不希望他们的老师发脾气，如果有机会，他们会停止那些让老师感到难过的行为。此外，通过调整我们的情绪，我们是在以身作则。我们下意识呈现的行为经常与我们要教的东西正好相反。

在接下来的两章中，我将分别描述如何将正念觉察应用于"消极"和"积极"情绪。当你对情绪有了更多的了解、知道如何识别和调整它们时，你会发现你比自己想象的有更多的选择来巧妙地应对情况。你还会发现，你在工作和生活中的情绪会更丰富。

情绪是帮助我们生存下来的保护机制

情绪功能使人类能够在不可能的情况下生存下来。人类遗传学在人类学上的新发现告诉我们，今天活着的人可能都是大约7.4万年前生活在非洲东海岸的一小群人的后代，他们可能不到1万人（"人类改变世界"，日期不详）。当时，气候发生了剧烈的变化，威胁到非洲大量的原始部落的生存。为了躲避干旱，我们的祖先向东迁移到非洲海岸附近的裂谷。

尽管濒临灭绝，我们的祖先可能从非洲沿岸迁移到了澳大利亚；进入中东、中亚和欧洲；穿过冰冷的海峡到达北美洲；一直到南美洲的南端。在这些迁徙过程中，我们的祖先找到了创新的方法来适应极端炎热和极端寒冷、严重干旱以及穿越水域的需要；学会用火，并驯养动植物，创造文明。

可以说，我们是地球上适应性最强的最聪明的动物。这是如何做到的？这种特殊的适应能力的关键是我们现代大脑的发展。前额叶皮层是我们大脑中最新进化的部分之一。这个大脑区域是我们与早期原始人祖先的区别所在。它使我们能够记住过去，并通过想象和规划将这种学习应用到未来。教育成为文化的传承，使人类能够适应各种各样的环境。

我们得以生存的另一个关键是我们强大的社交和情感纽带。我们需要与社会群体共同生存。我们进化出了通过语言和文字进行交流的能力，而我们强大的纽带创造了凝聚力，促进了合作、创新和共同解决问题。

我们的学习大多来自我们社交互动和感知情绪的环境，这让我们能快速学习重要的事物。在孩童时期，我们从周围其他人的反应中了解到什么是对的、什么是错的。这些教训深深印在我们的情绪反应中。例如，我的家人重视守时。如果我们迟到了，哪怕只是几分钟，即使有一个合理的理由，我们也会有大麻烦。我们的父母会表示极度不满，我们甚至可能因此被禁足。

因此，当我迟到时，我感到非常焦虑和内疚。这是一个下意识的情绪流程。当我沉浸在这个情绪中时，我很难注意到它。我非常认真地对待它。但是，当我能够后退一步，客观地观察情绪时，我可以看到，我的强烈情绪实际上是对我过去（来自父母的评判）和未来（害怕别人的评判）

等想法的反应，而不是对我目前实际情况做出的反应。

有人认为，在这个快节奏的现代世界中，帮助我们生存下来的适应功能，可能会损害我们的生存。我们的大脑是在与当今非常不同的环境里发育起来的。世界变化的速度越来越快。通过条件反射的“捷径式学习”——如上所述，大脑会进化到帮助我们在一个变化不大的环境中很好地生活下来。当人类生活在一个变化不大的世界里时，我们可以依靠捷径来适应大部分的情况。

然而现如今，学习到的捷径实际上会削弱我们的适应性，因为它们会干扰我们灵活应对各种情况的能力。例如，由于我学会了害怕迟到，所以当我迟到时，我很难不感到焦虑，即便准时在那个情况下并不那么重要。

我们不再生活在一个相对静态的环境中。快速变化已经成为常态，使得捷径学习变得不那么有用。在儿童时期，我们在成长过程中学到的东西，在不到十年内就会被淘汰。随着我们的文化变得更加全球一体化，世界在不断变化，我们需要不断学习。正念使我们能够留意到并克服下意识反应，从而使我们能够以新的态度对待每一种情况。这样我们就有了无数种可能的回应，而不是下意识的反应。

学习社交互动和感知情绪

今天，家长、教育工作者和政策制定者都认识到我们需要一个广泛的教育议程，其中包括对社交互动和感知情绪能力的培养。我们希望年轻人学会在学业上取得成功，但同时也希望他们学会以尊重的方式处理关系，采取积极、安全和健康的行为，为同龄人群体、家庭、学校和社区做出有道德的和负责任的贡献，呈现基本的礼仪、工作习惯和价值观，并最终获得有意义的生活，成为合格的公民。

学术社交互动和情绪学习协作组织（CASEL）将社交互动和感知情绪的学习定义为学习提高社交情感、人际能力和个人能力。个人能力包括自我觉察和自我管理。人际能力包括社交意识、做出负责任的决策和处理人际关系的能力。多年的研究表明，学习社交和感知情绪不仅可以改善学校文化和学生行为，还可以提高学习成绩。

虽然有许多优秀的商业化社交互动和感知情绪的学习项目可供选择，但孩子们主要通过“榜样”学习这些技能。教师和家长有机会通过与儿童和其他成年人互动来展示这些能力。作为教师，我们通过与学生建立支持和鼓励的关系来设定课堂的基调，根据学生的优势和能力设计课程，以提高动力的方式制定和实施行为准则，引导学生应对冲突情况，鼓励学生之间的合作，并成为尊重他人和有效沟通的榜样。

要用这种方式教学，我们必须有高度的自我觉察。我们必须了解自己的情绪、情绪模式和倾向，还要知道如何培养和借助如喜悦、热情等情绪来激励学习。我们需要对自己的能力有一个清晰的认识，认识到自己情绪管理的优势和不足，同时也要对自己保持善意和同理心。

为了成为一个好的榜样，我们还需要有高度的社交觉察，这样我们就能理解自己的行为和情绪表达如何影响我们与学生的互动。我们的目标是认识和理解学生的情绪，通过相互理解和合作建立支持性关系，并积极协商解决冲突。文化敏感度也十分重要。当我们与学生、家长和同事建立关系时，我们需要文化敏感度来考虑到每个人有不同的观点，并要尊重这些观点。

在社交互动和感知情绪领域，我们经常提到“亲社会”行为或价值观。关于“亲社会”，我们指的是促进自己以及与他人之间积极的社交互动和情绪体验。亲社会的价值观包括同理心、同情心、洞察力、合作和感恩。亲社会行为包括帮助、关心、良好的礼仪（包括欢迎），反对残酷和不公正的行为。为了帮助学生学习这种方式，我们必须在自己的行为中呈现出亲社会的价值观，在评估各种因素后做出负责任的决定（例如我们的决定会如何影响自己和他人），并对这些决定和行动负责任。

即使是在情绪激动的情况下，我们也必须知道如何管理自己的情绪和行为，以及如何处理与他人的关系。我们必须以健康的方式调节情绪以促进积极的课堂成果，同时不损害自己的健康。我们必须有效地设定限制，坚定但充分地尊重学生，同时也要适应让学生自己解决问题给我们带来的模糊性和不确定性。

虽然这些特点被认为是理想的，但我们大多数人几乎没有接受过任何明确的、促进自身发展的职前或在职培训。人们一直期望，任何想当教师的人都具备这些能力。然而，普通成年人并不具备这样的社交互动和感知情绪能力。不过，我们现在知道，这些技能和处理方式是可以通过学习获得的。

当我们缺乏应对课堂挑战的社交互动和情绪能力时，我们会经历情绪困扰，这会对我们的工作产生不利影响，最终导致职业倦怠并影响到师生关系、课堂管理和课堂氛围。

了解职业倦怠

我们听说过很多关于教师职业倦怠的消息。事实上，大约50%的新教师仅仅在这个行业工作5年后就离开了。这一数字在为大量高危儿童服务的学校中更高。全美教学与未来委员会（NCTAF）估计，美国公立学校教师流失的成本每年超过73亿美元（NCTAF，2007）。鉴于教师职业倦怠的个人和社会成本如此之高，这是一个需要解决的重要问题。

为什么老师们会感到筋疲力尽？过去30年来，教师职业的要求变得越来越高。越来越多的孩子毫无准备就来上学了，许多孩子早在学前班就有严重的行为问题。研究表明，教师经常面临这种挑战，需要处理学生难以控制的情绪。当这种情况发生时，他们的课堂管理就会缺乏有效性，课堂气氛不理想，他们可能会经历精疲力竭。这会引发一连串的“倦怠”。

职业倦怠是教师的应对能力随着时间推移而产生的崩溃结果，它表现在三个方面：精疲力竭、自我感丧失和个人成就感缺乏。精疲力竭是由于无法应对压力和情绪需求而导致的身体和情绪长期耗竭状态。当老师们筋疲力尽时，他们会对自己的工作感到过度紧张和疲惫，不再觉得工作有乐趣和回报。

当教师有这种感觉时，他们倾向于采用丧失自我感的方式作为应对策略。为了应对破坏性的课堂挑战，教师对学生、家长和同事的态度可能会变得冷酷无情、愤世嫉俗。例如，当一个情绪疲惫的教师与某个学生相处得特别困难时，他可能会认为这个学生天生就不好。他可能会说服自己，任何人对这个学生都无能为力，所以为什么还要尝试。他甚至会对该学生表达非个人化看法，例如，“她只是一个‘小怪物’”或“她是个‘恐怖分子’”。

倦怠过程的最后阶段是一种失败感或缺乏个人成就感。在这一点上，许多教师觉得他们无法改变现状，因而离开这个职业。然而，也有许多教师感觉被工作困住了，他们已经投入了很多成本，一旦放弃，养老金就付诸东流了。因此，尽管精疲力竭，他们还是选择继续工作。

这样的情况对每个人来说都很糟糕。研究发现，产生职业倦怠的教师比较难对他们的学生表现出同理心和关爱，对破坏性行为的容忍度较低，对工作的专注度也较低。日复一日地在倦怠状态下工作会导致教师出现严重的身心问题。接触到倦怠教师的学生也可能会受到伤害，可能会失去学习的兴趣和热情，并对学校和教师持有负面印象。

考虑到教师很少接受关于如何应对课堂上社交互动和情绪挑战的培训，那么教师流失率上升也就不足为奇了。与许多其他行业的从业者不同，我们教师在课堂环境中经常会遇到情绪激动的情况，在课堂环境下，能帮助自我调节的选择不多。

当孩子们激怒我们的时候，我们必须管理好自己的情绪，这样我们才能继续教学。我们必须保持冷静，在大多数人认为极其困难的情况下表现出专业的态度。如果我们没有能力管理自己的情绪，我们可能会试图抑制情绪，这会给我们的应激反应系统带来压力。

教师情绪耗竭与课堂氛围密切相关。当教师们情绪疲惫时，他们课堂上的社交互动和情绪氛围就会恶化，从而形成恶性循环。

提高我们的社交互动和感知情绪的能力可以防止情绪紧张，进而减少与教学相关的职业倦怠。特别是，学会自我觉察和自我管理，帮助我们建立复原力，支持我们应对教学所需的情绪状态的能力。这就是正念发挥重要作用的地方。

练习正念觉察可以帮助我们培养以上的能力。当我们正念觉察自己的情绪时，我们会有更多的自我觉察。我们培养了识别情绪的能力，并理解它们在教学中所扮演的角色。正念也有助于我们提高自我调节能力。我们学会理解和预测自己的情绪反应模式。研究表明，练习正念可以在大脑中建立联系，支持我们调节情绪的能力。

情绪和课堂管理

在过去的几十年里，课堂管理经历了一个转变，朝着更民主、更积极、更主动、更权威的方向发展。这种方法通过建立支持性的学习社区和人际关系，明确设定边界，采用引导和预防策略，而不是用专制和胁迫措施，如惩罚，来促进学生的合作和亲社会行为。研究表明，这些方法促进了学生对学校的承诺、亲社会行为、学术参与和成就等。

积极主动的方法需要教师和学生之间的自我调节，以形成一个学习氛围，在这个环境中，学生的行为是出于共同责任感，而不是为了避免惩罚或获得奖励。用这种方式管理课堂，吸收并应用这种新的课堂管理方向，要实现健康的课堂氛围和积极的学习成果，社交互动和感知情绪的能力是必不可少的。

早在20世纪70年代，美国政府资助了第一项大规模的研究，调查哪些教师的行为与学生的积极性最相关。这项研究的结果带来了方法的转变，即从强调规则的执行转变为关注学生需求，来建立支持性关系和学习自我调节的机会。

这种模式的转变强调了教师的社交互动和感知情绪方面的能力，这在以前是不需要的。例如，班级管理从简单惩罚/奖励的“把戏”转变为更细致入微的个性化方法，需要深思熟虑的决策和感受（即通过自我觉察和对他人的觉察）。这种转变涉及出发点的转变，从旨在控制学生行为的管理实践转变为促进学生的自我调节和参与亲社会行为。为了实现这一转变，教师在做决策时需要有高度的自我觉察、敏感度和深思熟虑，以便他们能够观察、理解，并以尊重和积极的态度回应学生的行为。

例如，在旧模式下，当一个孩子行为不端时，教师通常会用惩罚的方式。相比之下，在新模式下，教师在学期开始时花更多时间了解每个孩子，建立学习团体，同时评估每个学生的自我调节能力，从而遵守行为期望。当不适当的行为发生时，教师的反应是提供帮助和支持，以帮助孩子做出适当的行为，而不是惩罚他或她。

要做到这一点，需要高度的自我调节，包括专注力和情绪上的调节。在我们教学的过程中，我们需要能留意到同时发生的事情，而不会感到力不从心。当我们观察课堂时，我们需要保持冷静，以便我们能够深思熟虑地做出回应，而不是下意识地做出反应。练习正念觉察可以提高自我调节能力，使我们能够更好地管理这些需求。

心在当下

雅各布·库宁（Jacob Kounin）的工作预示着课堂管理模式的转变。为了了解为什么有些老师能比其他老师更好地让学生完成任务，库宁研究了80个一年级和二年级的班级，每个班级都至少有一个被认定有情绪问题的孩子。他发现，最有效的教师会留意到学生情绪和行为的微妙变化，并主动做出回应，让学生知道他们留意到了这些变化，并通过提醒他们手头的任务来真实地做出反应。他把这些老师称为“有心人”，因为他们特别了解教室里发生的事情。

心在当下需要自我觉察、对社交互动觉察、自我管理和关系管理。让教师在课堂上专注地留意和迅速反应的能力，有助于减少破坏性行为，并增加支持性的行为。马扎诺（Marzano）和他的同事发现，他们所称的教师的“心理定式”在减少破坏性行为方面效果最明显。心理定式指的是“对情况的高度觉察，以及能有意识地管理与该情况相关的想法和行为”。

心理定式也是指教师的情感客观程度（与自我管理的社交互动和情绪感知的维度有关）。那些在压力下保持冷静，实事求是地解决纪律问题时不针对个人行为的教师，是最有效的课堂管理者。

让我们看看费雷拉老师的例子中，教师的积极主动心态是如何发挥作用的。费雷拉老师留意到她的一个学生尤兰达很难集中精力学习。费雷拉老师没有立即重新引导她，而是花了几分钟时间观察尤兰达分心的行为。尤兰达有一种在座位上做作业时打扰其他学生、扰乱课堂的倾向，但费雷拉老师知道她并不是想给自己的工作带来麻烦。尤兰达只是很难集中注意力和管理自己的情绪。

费雷拉老师注意到尤兰达的头发被弄乱了，她正在咀嚼她的铅笔。她悄悄地走近尤兰达，问她是否还好。尤兰达说她头痛。费雷拉老师知道尤兰达的家庭状况并不太理想，于是问道：“你饿吗？”尤兰达点了点头。费雷拉老师决定提前结束让学生做作业的时间，并安排了点心时间，这样尤兰达就可以吃点东西了。费雷拉老师猜想尤兰达来学校时可能没有吃早餐，饥饿感让她很难集中精力。

建立社群

当学生在课堂上感到有集体意识时，他们会更加合作和乐于助人，对他人表现出更多的关心，并且不容易出现破坏性的行为。我们可以为学生提供机会与他人合作，反思同龄人的经验和需求。这有助于他们学习诸如善良、同理心、同情心和洞察力等社会价值观；反思他们与他人需求相关的行为；培养和实践社会能力，如良好的举止和解决冲突的能力；并学会参与有关课堂规则和准则等的共同决策。

当学生对社区的归属感和做出有价值的贡献的需求得到满足时，他或她会更倾向于遵从教室和学校的社群价值观行事，从而减少对成年人外部控制的需求。换句话说，建立一个学习者社群有助于完全避免强制性的纪律。

练习正念觉察可以为旨在建立一个学习者社群的社交互动和感知情绪学习项目增加价值。通过练习，我们可以强化负责情绪和注意力调节、复原力、同理心和同情心的大脑功能，支持社交互动和感知情绪的学习。

动　力

人类与生俱来就有好奇心和学习的动力。从我们出生起，我们就想学习走路和说话。我们花几个小时练习翻滚、爬行和最后的走路。当家人与我们交谈时，我们专注于他们，并以咯咯笑和微笑回应。

在努力学习的过程中，我们在每一个新发现和掌握的每一项技能中找到快乐和满足，无论过程有多困难。这种快乐激励着我们学习。这种动力被称为内在动力，因为这种动力植根于掌握事情本身，而不是任何外在的奖励。

情绪在动力中起着关键作用。有效率的教师通过对课程的热情和激情，来鼓励学生积极学习。与奖励和惩罚等外部方法相比，为提高内在动力创造条件则需要更大的社交互动和感知情绪的能力。我们必须建立一个强大的、有凝聚力的社群，允许学生自主学习和合作学习，促进发现和学习的乐趣，而不是简单地制定规则和惩罚违规行为。

我的教学生涯始于幼儿教育。我发现学龄前儿童充满了对学习的热情。后来，当我面对五年级的学生时，我经常想知道这些孩子在婴儿、幼儿和学龄前儿童时期的内在动力发生了什么变化，什么时候学习的乐趣消失了，变得乏味？我如何才能激发这种学习的快乐和热情？这时我发现自己的情绪状态在很大程度上影响了我激励学生的能力。我对手头的主题越感兴趣、越兴奋，我的学生也就越兴奋。

然而，很多时候这种热情很难一直保持。约翰会打扰他旁边的男孩。后面的两个女孩会在课堂上聊天。有人会掉一本书，这会让我偏离方向。在开始时，我以为我会用一堂引人入胜的历史课来激励我的学生，但这些小插曲会让我彻底崩溃。挫折感会越来越强烈，并使我被情绪带走。沮丧之余，我开始试图用警告和奖励来应对这些问题。我会厉声说："约翰，把你的手放在你自己身上。""女孩们，注意了，这个内容将在考试中出现。""大家都注意。"一天结束时，我已经筋疲力尽了，不知道我讲一堂激动人心、引人入胜的课的美好愿望是怎么发生变化的。

每天上课时，我的情绪状态都会发生巨大的起伏。就像开始时是一个阳光明媚的日子，早上我会带着喜悦和热情迎接我的学生。但当学生们没有立即做出反应，甚至出现捣乱行为时，我就会变得很烦躁。就像乌云一样，我的挫折会遮蔽阳光般的热情，并变成愤怒的雷雨。

正如我前面提到的，当我发脾气的时候，我的学生有两种反应：有些人变得害怕和安静；其他人向我投来蔑视的目光，但还是安定下来。我的"雷雨"使情绪气氛发生了明显的变化。我的学生很安静，但他们还没有准备好学习。我的愤怒引发了他们本能的战斗、逃跑和僵住反应。如果有人在那一刻走进我的教室，他们会感觉到教室里的紧张氛围。

如果你有过类似的经历，你并不孤单。在接下来的章节中，你将学习如何通过练习正念觉察来帮助你识别与管理影响教学和学生学习动力的强烈情绪。

正念技能练习

在第一章中，你学习了一种专注于呼吸的正念练习。这个练习的目的是培养专注力的稳定性。在这一章中，你将学习另一种练习，称为开放式觉察。这包括带着开放和非评判的态度觉察从一个时刻到下一个时刻的体验。

接下来的两个正念技能练习是反思活动，包括回顾和关注与两个记忆相关的情绪体验：（1）得到老师的帮助；（2）帮助学生。这些活动的目的是帮助你调整你和学生在回应他们的需求时的感受。记忆是一个强大的工具，可以让你用心去探索你的情绪体验，学会识别和理解你的情绪模式。

开放式觉察

还记得你在专注力的练习中学习如何保持对呼吸的正念觉察吗？这是个很好的方法，可以让你轻松进入下一个练习，称为开放式觉察。然而，一旦你习惯了专注力练习，你的心稳定下来，就要邀请自己进入下一个阶段。在开放式觉察中，你可以将你的觉察范围扩大到感知当前体验的全貌。

首先，开始专注于呼吸的吸气和呼气上。这将有助于安定你的心。这样做5到10分钟。一旦你感觉到你的心有所稳定，就放松对呼吸的关注，扩大觉察范围并融入对当下的充分体验。

在开放式觉察的状态下，你觉知到了一切，但并不专注于任何特定的东西。这就像坐在觉察之轮的中心，接受当下的一切，而不抓取或拒绝任何东西。你没有要去抓住你所经历的想法或感觉，只是注意到它们像云朵一样飘过。

你可能会发现你的心被一个想法、情绪或感觉“绑架”了。你的注意力从开放式觉察中离开，被吸引到想法、情绪或感觉上。当这种情况发生时，只需留意你的注意力已经被限制，说出引起你注意的是什么，然后放松你的心，重新回到开放式觉察。例如，你可能会注意到自己在想：“晚餐应该吃什么？”在这种情况下，你会留意到这种分心，并将其命名为“想法”。如果你注意到膝盖疼痛，你会记录下来，并将它命名为感觉，然后回到开放式觉察。

随着时间的推移，你会发现你的心处在所谓的“选择性觉察”中——直接体验当下所体验到的一切，而不需要去调整想法。在这种状态下，你带着新鲜感迎接每个时刻，你的心不执着于任何东西。

在这个练习过程中，如果你觉得有些困难，你可以随时回到呼吸上。有时，练习过程中会在这两种练习之间来回调整：当需要稳定心时，可以专注于呼吸上；当心慢慢稳定时，再扩大开放式觉察的范围。

课堂反思1

请写下一位曾经关心你的老师。如果没有的话，看看你是否能回忆起一位曾经支持你并关心你的成年人。可能是父母或亲戚。一旦你确定了对象，以一种舒适、专注的姿势坐着，背部挺直但不僵硬，头部笔直，肩膀放松，手轻轻放在膝盖上。如果你坐在椅子上，你的脚可以平放在地板或垫子上。

现在把注意力集中在呼吸上，持续几分钟。当你吸气时，感觉凉爽的空气进入鼻孔并充满肺部。当你呼气时，感觉暖和的空气从身体排出。花一些时间简单地专注在呼吸上，感受空气进入和离开你的身体。如果你走神了，只需留意是什么吸引了你的注意力，然后轻轻地把你的注意力邀请回到呼吸上。

现在请你把注意力转移到为该练习选择的对象上。看看你是否能在脑海中浮现出这个人的照片。起初，这可能是一个记忆力练习，但随着你的练习，你将变得更能够回忆起过去的细节。当你把注意力集中在这个人的回忆上时，试着尽可能多地记住他或她的长相和穿着的细节。他或她的头发是什么颜色？他或她是否戴眼镜？试着让记忆活跃起来。

接下来，请你回忆一个特定的时间点，一位老师（或其他成年人）表达了他或她对你的关心，并以某种方式帮助你或支持你的情况。试着回忆一下当时的细节，你当时在哪里？你和谁在一起？大家都在做什么？试着在脑海中重现场景。接下来想象自己回到当时的场景中，就像走进一部电影。

现在你又回到了与这位老师（或其他成年人）在一起的情况，这个人正在以某种方式表达他或她对你的关心和帮助。留意你在经历这种关怀、帮助和支持时的感受。留意你身体里的感觉。可能是有温度或颜色的感觉。可能在你身体的某些部位有感觉。尽可能详细地探索被关心和支持的感觉，品味这段经历。

现在花几分钟时间写下所发生的事情和你的感受。

课堂反思2

回想一位你想帮助的学生。也许他或她在某种程度上与学校不和，也许他或她与同龄人相处有问题。最有可能的是，你正努力帮助很多孩子。对于本练习，只选择一个学生。看看你能不能想到这个孩子的照片。尽量多地回忆他或她的长相和穿着的细节。一旦你回忆起这个学生，就以舒适、专注的姿势坐着，专注于你的呼吸上。

随着温和的呼吸，感受肺部充满空气，当你呼气时，感受温暖的空气从鼻腔离开。接下来，看看你是否能回忆起一个特定的时间点，一个你曾经帮助过这个孩子的情景。试着回忆一下有关的细节。接下来想象一下，你又回到了那个地方，和这个学生在一起，希望可以帮助他或她。留意你在帮助这个学生时的感受和身体感觉。你可能会留意到温度变化或其他感觉。你也可能在身体某些部位感受到不同的感觉。

现在花几分钟时间写下所发生的事情和你的感受。

情绪日记

更好地理解你的情绪的方法之一是记录下来。当你花时间反思情绪经历时，你会更多地了解你的情绪状态，以及如何最好地管理情绪。做到这一点的方法之一是使用下面的表格记录你的情绪体验。

在第一栏中，描述发生的事情，当时处于哪种情绪，无论是积极的还是消极的，愉快的还是不愉快的，都对你的教学产生了影响。只写下事实，就像你在摄像机上看到的那样，按照实际情况来写。在第二栏中，描述你在这种情况下的身体感觉。在第三栏中，写下你在这个过程中的想法。当你完成后，留意你的感受。你能识别出与这种情况相关的情绪吗？你能看出是什么触发了这种情绪吗？随着时间的推移和练习的进行，你会开始留意到情绪反应的模式。你越是认识到这些模式，你就越能预见到情绪化的情况并积极应对。

事实	身体感觉	想法

CHAPTER 3 | 第三章

了解你的负面情绪

试着谈论你的一个学生，然后回忆一下他最后一次做了什么事情让教学变得困难。也许他打断了你的课，也许他打扰了其他同学。不管是什么事，只需要回想一下即可。这段回忆引起了什么情绪？你是否感到恼火？沮丧？你的身体感觉如何？也许你会注意到你的肩膀或下巴紧张。仅仅一个短暂的回忆就会引发令人不舒服的负面情绪。在本章中，我们将探讨这些负面情绪：是什么触发了它们；它们对我们的身体、思维和行为有什么影响；以及如何应用正念觉察来帮助我们在被负面情绪带走之前识别和管理这些情绪。

管理情绪

学会理解和管理消极的、不愉快的情绪，会有助于你的教学。正如你将看到的，通过正念觉察所培养的情绪管理将使课堂管理更容易、更有效。此外，当你不再因消极的情绪反应而疲惫不堪时，教学将变得更加愉快和有意义。而当你的课堂气氛有社交互动和情绪上的支持时，你的学生会学得更高效。

那么，情绪发生到底是为了什么？正如你在第二章中所了解到的，查尔斯·达尔文假设，情绪是支持生命得以生存下来的决定性功能。他相信这些功能是普遍的，每个人都在类似的条件下以类似的方式经历和表达相同的情绪。保罗·艾克曼的研究支持达尔文的假设。

艾克曼和弗里森也证明，文化对于如何表达特定情绪以及在什么条件下表达有不同的规则。这样，文化习俗可能会掩盖情绪表达的普遍性。然而，艾克曼和弗里森也发现，尽管有这些文化情绪表达规则，通过微表情还是可以留意到情绪状态，即微表情无法隐藏。

例如，尽管在泰国文化中表达愤怒可能不为社会所接受，但在这种文化中，看似微笑的人可能仍然会以瞬间变化的表情表现出愤怒的迹象。他们会短暂地瞪大眼睛，眉毛会皱起，嘴巴会在试图保持微笑的过程中迅速向下。此外，如果你仔细观察，你会发现他们的微笑不是真诚的，而是强迫的。欢笑会引起眼睛外侧肌肉的皱缩，这是很难伪装的。人们可能会笑着张嘴，但如果他们的眼睛没有笑，那就不是真的。

艾克曼和他的同事扩展了基本情绪列表，包括一系列积极和消极的情绪，这些情绪并不都是通过面部表情呈现的。这些情绪包括愉悦、蔑视、满足、尴尬、兴奋、内疚、骄傲、解脱、满足、感官娱乐和羞耻。

情绪有共同的触发因素，它们都与一个主题有关：生存。根据艾克曼的说法，情绪具有以下特征：

1. 下意识反应的。

2. 与先前事件或触发因素有共同点。

3. 存在于除了人类以外的其他灵长类动物中。

4. 发生快。

5. 时间短暂。

6. 不由自主地发生（即不受意识控制）。

7. 提高生存率的独特生理机能。

8. 独特的（通用的）信号（即表情）。

这些特征将我们的情绪与其他经历区分开来。它们为我们提供了快速应对生活的能力，无须提前计划，让我们不断适应进化的过程。

区分情绪和心情是很重要，因为尽管两者在教学和学习中都起着重要作用，但它们的作用方式却不一样。心情看起来和情绪很像，心情的感受与情绪的感受状态类似。主要的区别是，心情比情绪持续的时间更长，并且可能不会指向特定的对象。例如，我们可能会因为没有特定原因而感到烦躁，但如果我们感到愤怒或沮丧，那么愤怒或沮丧通常是因为某个人、对象或情况而引发的。

心情容易使我们产生情绪。如果我来上班时心情比较烦躁，那么我会更容易生气，并对让我感到恼火的学生发火。原本那些并不能影响我的事情似乎也变得令人难以忍受。

每种主要的情绪都与心情有关。正如我所说的那样，烦躁使我们容易生气。如果我们感到忧郁，我们就容易感到悲伤。如果我们焦虑，我们就容易产生恐惧。我们的学生也是如此。如果彼得来学校时感到焦虑，他可能会对我的愤怒做出恐惧的反应。如果他感到烦躁，他可能会对我的愤怒做出防御和敌意的反应。

虽然负面情绪的进化是为了帮助我们在受到威胁的情况生存下来，但今天我们经受高压的情绪，主要是来自心理上的威胁而不是身体上的。我们可能害怕被评判或批评，害怕失去工作，或不被尊重。当学生打断我们的课，家长抱怨她孩子的成绩，或者管理者没有提供我们需要的支持时，我们可能会感到愤怒。应对心理威胁产生的负面情绪会导致情绪紧张。虽然真正受到威胁的可能只是我的自尊心，但我的身体的反应就像我的生命受到了威胁。然而，在这种情况下，这种反应可能不具有适应性。事实上，随着时间的推移，它可能对我们的健康有害。

压力与身体

当我们的生命或所爱之人的生命受到威胁时，我们的身体会做出下意识反应，让我们在艰难的环境中得以生存下来。我们都听说过普通人在危及生命的情况下做出非同寻常的事情的故事。例如，据报道，一位母亲在发生车祸后，将压在她孩子身上的汽车搬起来。虽然科学无法证实这些罕见的事件，但很明显，威胁的经历对我们的生理产生了重大影响，通过激活应激反应给我们带来了帮助。

身心医学领域为我们理解应激反应做出了很大贡献。这个复杂的过程始于大脑。我们的神经系统有两部分：一部分是有意识的（例如，当我键入这个句子时，我有意识地移动手指）；另一部分是自动的，或自主的。自主神经系统管理我们的心率、呼吸和身体做的一切，而不需要我们有意识的努力。如果我们不得不有意识地注意我们是否还在呼吸，那可能我们已经有生命危险了。

我们的自主神经系统又由两个子系统组成：交感神经和副交感神经。你可以想象，交感神经系统就像汽车的油门：它能使东西移动。副交感神经系统就像刹车：它使事情慢下来。当这两个子系统同步时，我们的自主神经系统帮助我们的身体调节和适应挑战性的情况，让我们得以生存。

交感神经系统触发了肾上腺素和去甲肾上腺素等有机化学物质的释放。肾上腺素是由肾上腺分泌，以响应交感神经系统的激活。去甲肾上腺素由交感神经末梢释放到全身其他部位。这些是触发应激反应的神经递质。

在战斗或逃跑的反应中，交感神经系统被激活进入极度兴奋状态。下丘脑—垂体—肾上腺轴（HPA 轴）是下丘脑、垂体和肾上腺之间一系列复杂的相互作用。下丘脑和垂体位于大脑中，肾上腺位于肾脏上方。这些相互作用构成了神经内分泌系统对压力的反应，压力控制身体如消化、免疫、情绪、性功能和精力等功能，来帮助我们生存下来。

在紧张的情况下，身体会快速发生一连串变化。让我们想象一下，我正在经历一个对生命真正造成威胁的情况：一只熊在追我。释放的肾上腺素将进入血液，这种强大的化学物质布满我全身，引发我的器官和组织的变化，最大限度地提高我的生存能力，这样我就可以逃跑了。我的肺部气道放松，使我的呼吸能力和新陈代谢最大化。我的心跳加速，将血液输送到我的腿部肌肉，帮助我尽快逃跑。

为了获得额外的能量，肾上腺素激活了三磷酸腺苷·磷酸肌酸（ATP·CP）系统，这是各种代谢系统的“第一反应器”。当所有新陈代谢系统都依靠三磷酸腺苷（ATP）运行时，少量三磷酸腺苷储存在肌肉中，以防类似的紧急情况发生。

消化、免疫反应和生殖等功能停止。当生命受到威胁时，这些都是低优先级功能。多巴胺是一种天然的止痛药，它在大脑中产生，即使我的腿会因疼痛而放弃，多巴胺能使我继续跑下去。我的视野变窄，以帮助我专注于观察熊的情况，防止分心。只有一件事是重要的：生存。

当交感神经系统将肾上腺素输送到我的心脏并使其跳动加快时，它就起到了神经递质的作用。如果任何细胞，包括神经元，都会分泌神经递质，通过血液传播来激活身体的远处部位，它就被称为荷尔蒙。下丘脑大约有杏仁大小，位于脑干上方，是身体的主要激素调节器。

下丘脑使用多种激素来调节身体。有些是激活功能，有些是抑制功能。应激反应系统中一类重要的激素是糖皮质激素。这些激素由肾上腺分泌，其功能与肾上腺素相似。然而，它们的作用并不那么直接。肾上腺素会立即发挥作用，而糖皮质激素在较长时间内仍能发挥作用。

不管什么时候，当我们感知到威胁时，应激反应中涉及的各种荷尔蒙反应都会迅速而自动地发生。无论威胁是身体上的还是心理上的，它们都会发生。问题是：虽然它们是为了帮助我们受到身体威胁时得以生存的保护机制，但当我们感到心理受到威胁时，它们的反应方式是一样的（就像我们在课堂上经常感觉到的那样），尽管这些反应可能无法调整或有助于处理来自心理的威胁。事实上，如果持续一段时间，这些本来是为了帮助我们生存的应激反应本身会毒害身心。

原因如下：应激反应会对心血管系统产生非常有害的影响。如果我被熊追赶，我需要我的心脏给我的肌肉输送氧气，这样我才能跑得尽可能快。然而，如果我正在为那个因为我给他女儿打了不及格的分数而对我大发雷霆的家长发火，那么，我的心跳也会加快，但这对我们并没有帮助。

高血压——血压升高对心脏不好。当血压升高时，血液会“砰”的一声回到心脏，消耗血液。左心室是受到回流血液冲击的部分。随着时间的推移，肌肉壁变得更厚，以保护其免受血液流量增加的影响。那么就变成心脏的重量不平衡，一边比另一边更重，这增加了心跳不规则的风险。

当应激反应长期持续时，循环系统的外围也会发生不好的影响。血管相互分支的地方很容易受到血压升高的影响，并最终被损坏。身体试图通过调动肾上腺素系统来修复损伤。然而，肾上腺素通过发出信号使血小板凝结在一起，使血液变得更稠。这些结块的血小板开始卡在这些受损的地方，形成阻塞或动脉粥样硬化（动脉硬化）斑块。

为了应对损伤，肝脏中会产生一种称为C反应蛋白（CRP）的物质。它会被输送到受损的血管，以帮助减少炎症。它有助于将坏胆固醇困在发炎组织中。通过测量CRP，研究人员发现情绪压力会导致高血压和动脉硬化。高血压还可以使血管上形成的斑块脱落，导致一块移动的斑块向下游移动，并可能堵塞较小的动脉。如果它停留在冠状动脉上，就会有心脏病发作的危险。如果它滞留在大脑中，就会容易中风。

一旦心血管系统受损，它就会对进一步的压力产生高度的敏感；它就会无法处理压力。在应激反应延续很长一段时间后，心血管系统开始无法自我停止。在长期过度紧张的人中，副交感神经系统受损，就会更难减缓或减少压力引起的应激反应。

压力对新陈代谢的影响也很糟糕。正如我们已经看到的，身体调动其所有资源准备应对威胁。准备工作包括将大量的葡萄糖和胆固醇泵入血液。虽然这可能帮助个体逃离熊的追赶，但它增加了新陈代谢困难的风险，包括胰岛素抵抗，如果这个人有I型糖尿病，这会导致大问题。

应激反应通常与被评估为危险或威胁的情况有关，无论是生理上还是心理上。如果我们觉得自己在被威胁的情况下有一些力量，例如当学生的行为扰乱了课堂时，我们可能会马上感到愤怒，并做出“战斗”反应。如果我们感到无力，例如当校长不公平地评判我们时，威胁性的情况可能会引起恐惧，产生“逃跑”或“僵住”反应。

在这两种情况下，我们的恐惧都可能会演变成愤怒。正如第二章所提出的，因为在教室里，当我们在教学中遇到我们认为是威胁的事情时，我们无法逃离。我们在教学中必须处理情绪上的波动情况。我们被困在教室里和无能为力的感觉加剧了我们被威胁的感觉。

我们的应激反应是为了帮助我们了解环境中的危险，并迅速自动地适应这些危险。紧张的情绪体验“绑架”了我们，使我们不假思索地以特定的方式做出反应。例如，我的朋友和同事克里斯塔在很小的时候就被一只恶狗咬伤了！这一经历给她带来了极大的创伤，导致她对狗产生了极大的恐惧。只要她听到狗叫或看到狗，她就会因恐惧而吓倒。

这样一来，克里斯塔就习惯了害怕所有的狗，即使它们并不会带来危险。然而，她不想因为害怕狗而带来不好的反应，所以她努力使自己对狗脱敏。她有意花时间与她知道的性情温顺、友善的狗在一起，这样她就可以习惯与狗在一起而不会有压倒性的恐惧感。随着时间的推移，克里斯塔克服了对狗的恐惧，现在她自己也养了一只狗。

应激反应的进化是为了帮助我们适应一个相对稳定的环境。在人类历史上的大部分时间里，我们以小部落的形式生活在同一个地理位置。如果你生活在一个有危险的会有狼出没的地方，那么你会适应对狼的强烈恐惧。然而，今天我们生活的环境变化很快，很少会面临身体上的威胁。这种旨在帮助我们适应环境的功能，在现代社会里可能是有局限的，事实上在许多情况下可能是不适用的。

通常，特别是在我们的教学中，我们会因为心理威胁而陷入沉重的情绪中，而这并不是应激反应可以帮助我们的地方。然而，尽管如此，我们的压力反应仍在发挥作用，对我们的身体造成了严重破坏。正念帮助我们认识应激反应和与之相关的情绪、身体感觉和认知过程。当我们意识到时，我们可以管理我们的反应，减轻压力，改善健康状况和提高幸福感。

课堂上的负面情绪

在上一章中，我们了解到积极的情绪如何帮助我们创造一个温暖和支持的学习环境。然而，考虑到课堂的压力，培养积极的情绪并不容易，特别是当淘气学生的行为影响了我们履行主要教学职责的能力时。这就难怪教师们常说，他们“在教学过程中很难管理负面情绪”。

虽然作为教师，我们经常面临让人生气、难堪、厌恶、悲伤和沮丧的情况，但我们必须保持自身的专业性。我们必须学习适当的方法来管理课堂环境中的这些情绪。对教师情绪的研究发现，虽然我们认识到管理自己情绪的重要性，但我们在对学生隐藏自身情绪方面没有我们想象的那么成功。孩子们对成年人的情绪非常敏感，他们能感觉到我们的感受。

我们可以看到为什么儿童对他们周围的成年人的情绪状态有这种敏感性。在我们进化的过去，孩子们学会根据身边成年人的情绪状态进行自身调整是至关重要的，这帮助他们了解环境中的危险以及如何最好地应对这些危险。此外，当孩子们来自不稳定、混乱的家庭氛围时，他们会对可能具有威胁性的成年人的情绪变得过度敏感。他们处于高度戒备状态，以便在有人情绪爆发时能够保护自己。这种过度紧张会导致情绪失调。我们在课堂上面临的情绪难题往往来自那些在管理自我情绪方面有问题的学生。这些孩子是最有可能出现行为障碍的，也是最需要我们支持的。

毫不意外，教师的压力和负面情绪报道与学生的不良行为密切相关。随着学生破坏性行为的增多，教师的负面情绪也会增加。事实上，研究发现，教师经常会对学生的行为产生愤怒、厌恶和蔑视等负面情绪。

正如我们许多人所经历的那样，当我们的班上有超过一两个捣乱的学生时，这时的压力就会很大。即使是那些在较小压力的情况下通常能有效地应付的人，在这些情况下也会变得胁迫和严厉。

当我们被负面情绪所淹没时，我们就会失去与学生建立和维持积极关系的热情。研究表明，在负面情绪的影响下，教师对学生的参与度、容忍度和关爱度都会降低。

我们的负面情绪也可能对学生产生长远的影响。布里奇特·哈姆雷和罗伯特·皮安塔进行了一项研究，以探讨这些长远的影响。他们要求幼儿园老师报告他们对学生的感受。正如你所料，老师们对一些学生表示了强烈的负面反应。哈姆雷和皮安塔随后跟踪研究这些学生直到四年级，发现他们在社交互动和感知情绪发展方面比同龄人表现更差。

有自我管理问题的孩子入学后，往往会引起老师的负面情绪。通常，老师的反应会加剧孩子们的自我管理问题，而不是帮助他们学会自我管理。

什么是惯性反应

我们都有一个储存情绪记忆的数据库，它影响着我们的思维、感觉和行为方式。与强烈负面情绪相关的经历会被大脑储存在负责记忆功能的神经网络模式里。艾克曼称这些情绪记忆为“脚本”，或条件反射。

每一种负面情绪都会不断进化——能预先连接到大脑的系统中，以保护我们免受危险。例如，如果一辆车朝我们开过来，我们本能地产生恐惧，不假思索地跳到一边。然而，在我们的一生中，我们根据自己的经历发展出自身的个性化情绪模式。这些脚本是捷径；它们使我们能够对形势做出快速反应，而不需要过多的考虑。如果我们仍过着狩猎、采集生活，它们很可能对人类非常有用，而且我们在环境中可能遇到的威胁比现代社会更容易预测。

在现代社会，这种条件反射可能会导致问题。它们可能导致我们以不合适的方式做出下意识的反应。这是因为条件反射会干扰我们对现实的感知。发生了一些事情，我们会根据条件反射下意识地将其解释为威胁。即使当前事件与过去发生过的事件不同，我们也会将其解释为类似情况。

例如，我的同事克里斯塔对狗的条件反射，使她误认为即使是友好的狗也会给她带来危险。通过练习正念，我们学会识别和减少条件反射对我们的影响，这样我们就可以有更深的觉察力来回应情况，而不是下意识地、不自觉地做出反应。

当我们处在容易引起强烈的负面情绪的情况下，就会有情绪上的条件反射。艾克曼描述了几个因素，这些因素决定了造成情绪条件反射的可能性。其中一个因素是事件容易带来情绪。例如，与愤怒有关的主题，是认为我们没有达成既定的目标。因此，当一个学生干扰了我完成教学目标

（这是我工作的基础）时，我可能会感到愤怒，我可能会很容易形成这样的想法："她要给我添堵。"然而，这可能是一种误解。学生的行为不太可能真的是有意的。

另一个因素是事件与原先触发情绪的事件相似。所以，对克里斯塔来说，一只长得与之前让她恐惧的狗相似的狗，仍然比一只看起来与原先不同的狗更容易引起她的恐惧感。第三个因素是这种触动情绪反应是我们多早学会的。学习得越早，就越难识别和忘却脚本。第四个因素是刚开始被引发的情绪反应的强度。情绪反应越强烈，就越有可能形成强有力的脚本，识别和削弱脚本的难度也越大。第五个因素是密度，即在类似情况下，情绪被反复触发的频率。最后一个因素是个人反应风格，情绪反应更快、强度更高的人，将更难克服脚本的力量。

课堂上的惯性反应

我们不能不把自己的脚本带到课堂上。这些脚本中有许多是植根于我们的成长方式里。当我们还是孩子的时候，我们就知道有些行为很糟糕，应该受到惩罚。当我们看到学生做出类似的行为时，这些脚本就浮现了出来。当这种情况发生时，我们的感知会被扭曲，就会有过度反应的倾向。

我们可能会认为学生的行为是有意识的和故意的，而这更可能是调节能力差、曾经的创伤或在校外发生的事情所导致的。我们的脚本可能会夸大我们的看法，把事情严重化。我们可能认为学生的不当行为比他的实际行为更频繁。最后，我们的脚本可能会导致在没有意识到的情况下按照下意识的偏见行事的倾向。

孩子们也会下意识地撰写关于老师和学校的脚本。当学生与老师关系不好时，他们开始不喜欢甚至害怕学校。最终，这可能会导致疏远感和厌恶感。当学生感到被疏远时，他就有更大的风险做出反社会行为、犯罪和成绩不佳。

这并不奇怪。一个孩子来到幼儿园，对学校和课堂的要求和期望毫无准备。他不知道如何坐着不动，怎样把注意力集中在一项任务上。他不习惯和这么多同龄的孩子在一起。他很难管住自己的手，而且通常会捣乱。他的班级里还有三四个类似的孩子，这使情况更加复杂。处理所有的破坏课堂的行为会让老师情绪疲惫，也容易对学生失去耐心。

沮丧和不知所措的老师让学生坐在角落里暂停一下，或者把他送到办公室。学生不明白老师为什么生气，觉得老师很刻薄，不喜欢他。其他孩子会模仿老师的行为，由于老师似乎不喜欢这个学生，他们决定也不应该喜欢他。很快，其他孩子在课间休息时都不和他玩。这就难怪他讨厌学校，不想上学了。

这也难怪，他很容易成为那些期待拉帮结派的大孩子的猎物。每个人都需要有能容纳自己的社会团体。如果学生感到被老师和学校里的同学拒绝，他们就会到其他地方寻找归属感。学习管理我们的情绪反应有助于我们帮助这些孩子。如果我们能注意到自己的反应倾向并调整这种反应，我们就能成为学生的积极榜样，帮助他们适应课堂环境的要求，而不是把他们赶走。

正念有助于改善情绪管理

所以你可能会问："正念对此是如何起作用的？"用心留意正在发生的事情可以帮助你认识自己的情绪模式，并做出有意识的回应，而不是盲目地对引发情绪化的情况做出下意识反应。练习正念可以培养你识别脚本（条件反射）的能力，并摆脱脚本中下意识的情绪倾向。

在教育领域，我们经常谈论反思性实践，即反思我们的行为，以便我们能够不断地从经验中学习。然而，在实践中，这通常是比较表面的，重点是我们做了什么或没有做什么，以及我们的学生如何回应。正念有助于我们深入反思，我们可以用正念觉察来深化我们对情绪模式，以及与之相关的脚本的反思。因此，当我们反思一个具有挑战性的情况时，我们不仅可以意识到发生了什么，还可以留意到我们对它的感受、我们对此的想法，以及这些想法和感觉如何影响我们的行为。

我们可以有意识地将觉察之轮的八种感官应用于我们的情绪体验中。当我们定期练习时，我们会更加意识到自己内在的情绪景观。我们注意到自身感觉微妙的起伏和身体感觉的变化，这些是我们情绪反应的早期阶段的线索。

当我们在培养“心的觉察”时，我们可以观察自身的思维过程，并认识到它们在加强反应和相关脚本方面所起的作用，这些脚本扭曲了我们对当下实际发生的事情的看法。同时，我们可以更客观地观察学生的感受和行为。这使我们能够更清晰地了解班级情况。有了对班级社交互动和情绪动态的深刻理解，我们就可以设计出一个有效的学习环境。当我们开始定期练习正念时，与重要情绪相关的感觉和想法就会变得非常明显，因为这些通常会通过“绑架”我们的注意力，而将我们从当下带离。

例如，假如早上我在专注力的正念练习中走神了，开始思考这一天的规划。“我的午餐该吃什么？”这个天真的想法勾起了昨天的回忆，当时我不得不错过午餐，因为詹姆斯又在课堂上捣乱了，我在午餐期间让他独自留在教室里，让他暂停。我开始回想詹姆斯和他令人恼怒的行为。

当我意识到我被这些想法分散了注意力时，我已经经历了愤怒反应的早期阶段。我留意到身体有些微妙的紧张，我的肩膀逐渐紧缩，下巴紧绷，手开始紧握。这给了我一个线索，我需要在与詹姆斯的互动中特别留意，因为我可能倾向于在他的行为上投射一个脚本。

在练习过程中，当我们注意到自己分心时，作为一个观察者，客观地关注分心及其影响会有所帮助。在上面的例子中，我可以意识到我已经被这些想法所困扰，并留意到挫折感和身体感觉。一旦我意识到发生了什么，我就可以放下这些想法和情绪，把注意力拉回到呼吸上。

练习结束后，如果你觉得这样做有帮助，可以在日记中记录下这段经历。留意是什么让你分心，以及你当时的感受，并思考一下这种分心。如果你经常这样做，你会学到很多关于你的脚本和情绪模式的信息。一旦你了解了你为什么会有负面情绪，它们是如何进化以帮助你生存下来的，以及它们给你带来什么样的想法和感受，你就可以在自己变得情绪化之前，更加了解自己的情绪反应。在一整天中，当你注意到你身体微妙的感觉和伴随而来的思维模式时，你可以暂停一下，深呼吸，在你可能会做出让自己后悔的事情之前，学会冷静下来。这种做法也有助于预防本章前面所提及的压力带来的健康问题。

负面情绪的影响：收缩和防御

正如我们所学到的，负面情绪通过启动身体和心理收缩反应作为防御手段来确保我们生存下来。就像我们的大肌肉收缩以准备“战斗或逃跑”一样，我们的感知也在收缩。研究表明，当我们感受到强烈的负面情绪时，我们的注意范围会缩小。这有助于我们将全部注意力集中在给我们带来威胁的事情上，但它也限制了我们看清全局和了解情况的能力。

虽然我分开描述情绪，但它们出现时经常是混合在一起的。我们在感到开心的时候，也会感到悲伤。例如，我儿子结婚了，我很高兴，但当我意识到他已经长大了，我再也不能经常见到他时，我会很难过。

接下来，你将进一步了解每种特定的“负面”情绪、与之相关的身体感觉和思维模式、它们的进化功能，以及它们在课堂上经常扮演的角色。最后，你将学习有助于管理情绪的实用技能。

愤怒

正如我们所看到的，愤怒是一系列的感觉，从轻微的愤怒到强烈的愤怒。根据艾克曼的说法，容易让我们产生愤怒最常见的情况是我们的目标遇到阻碍。当我们认为有人试图在身体或心理上伤害我们时，我们也会感到愤怒（和恐惧）。比如：另一个司机在路上挡住了我们；有人占据了我们一直等待的停车位；当我们真的需要处方时，懒惰的店员提前五分钟关闭药店；当我们计划通过一节课来帮助全班同学备考一次高风险的标准化考试时，一个学生无数次地干扰课程。这些都是引发愤怒的常见情况。

即使我们知道这种行为不是故意的，还是会产生愤怒。然而，当我们认为对方有意伤害我们或阻挠我们实现目标时，这种情绪通常会更强烈。正如艾克曼所说，“愤怒让人陷入控制，试图惩罚，采取报复”。

愤怒是最危险的情绪，因为它非常不稳定，容易引发造成伤害的冲动。一旦我们很生气，生理上也会有保持愤怒的倾向。我们很容易被愤怒的情绪感染。在一个愤怒的人面前，我们很难不生气，尤其是当我们觉得她或他的愤怒是没有道理的，或者是针对我们的时候。

愤怒在不同人身上表现出来的形式是不一样的。有些人“脾气暴躁”，容易发怒。他们很容易被激怒，他们的愤怒可能很强烈。其他人则是“慢热型”的，不容易发怒，他们的愤怒可能不会那么强烈。有些人生气的时间比其他人长。

对情绪有更清晰觉察的一部分是要熟悉我们的情绪模式。我是否容易生气？通常什么东西会激怒我？我愤怒的程度是否比别人的更强烈？我愤怒的时间是否比大多数人的时间更长？这些都是我们体验情绪的维度，形成了一个值得探索的全景。

虽然愤怒是一种强大的情绪，但我们大多数人都能控制住自己在愤怒时出手伤害他人的倾向，因为大脑前额叶皮质的执行功能帮助我们抑制这种倾向。我们的执行功能，通常被称为大脑的首席执行官，负责调节和控制认知过程，如工作记忆、推理、计划和解决问题。

有些人，由于疾病或脑部损伤，无法控制他们下意识发怒的倾向。然而，这是罕见的。情绪调节过程通常涉及两个认知过程：重新评估和抑制。重新评估包括改变我们对情况的感知方式，以减少情绪的影响。抑制包括压制情绪的表达。虽然两者都涉及认知控制，但重新评估实际上会降低情绪的强度，并降低因情绪而采取行动的倾向。相反，抑制会压制情绪的表达，但不会减少情绪化的实际情况。此外，抑制会损害记忆并增加情绪给生理带来的不利影响。练习正念觉察提高了教师重新评估情绪的倾向。

重要的是要明白，执行功能需要很长时间才能发展出来。前额叶皮层是大脑最迟成熟的部分，儿童和青少年往往在抑制方面有困难，特别是如果他们接触到损害正常发展的风险因素，如虐待和创伤。

显然，当我们的生命真正受到威胁时，愤怒会起到关键作用，因为它引发了攻击性。为保护我们自己或亲人而采取攻击行为通常被认为是合理的。然而，我们的愤怒大多是在没有生命危险的日常麻烦中发生的，我们常常会后悔自己的攻击行为，无论是身体上的还是言语上的。表达愤怒会破坏我们与他人的关系以及我们在社区中的声誉。

过度愤怒的成年人和儿童不容易受同龄人的喜爱。然而，有时我们非常愤怒，就不会去关心愤怒可能造成的损害。愤怒的经历本身造成了人们倾向于忽视愤怒所带来的影响（毕竟，当我们的生活受到真正威胁时，只要有必要，维持我们的愤怒和攻击性倾向是最恰当的）。有时，我们变得如此愤怒，甚至不知道自己在生气，即使我们在愤怒地喊话。科学家们还不确定为什么会发生这种情况。这可能是因为有些人天生比其他人更不了解自己的愤怒；也可能有一个强度阈值，超过了这个阈值，我们就不再容易意识到自己的愤怒。

心理学家丹尼尔·戈尔曼认为，我们的杏仁核—— 我们大脑边缘系统的一个小器官，是罪魁祸首。杏仁核就像一个警告系统，它不断地扫描我们所处的环境，看看是否存在威胁。如果警报响起，我们的压力系统就会高速运转，杏仁核会“劫持”我们的理性认知功能。

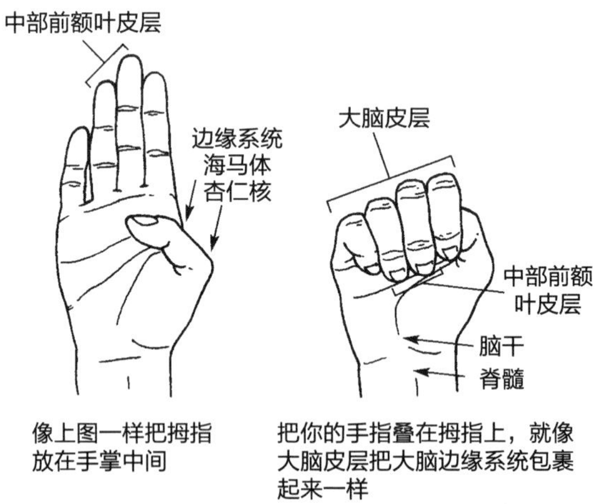

图3.1 大脑的手部模型

来自丹尼尔·J. 西格尔的《第七感：心理、大脑与人际关系的新观念》（*Mindsight: New Science of Personal Transformation*），

丹·西格尔对这种趋势有一个有趣的比喻。想象一下，你的手是你大脑的模型。你的手掌是脑干，你的拇指是边缘系统，而你手掌的其他部分是大脑皮层。把你的拇指放在手掌里，把你的手指叠在拇指上。拇指尖是你的前额皮质，是执行功能的所在地，是帮助我们阻止自己做出下意识反应的脑区域。

杏仁核位于脑干附近，这使它能够迅速与身体的其他部分沟通，而不需要涉及高级大脑功能的参与。因此，当我们变得情绪化时，我们会失去自我观察和自我调节的能力。

正如丹·西格尔所说，我们“可以把手指翻开”。用他的大脑的手部模型的比喻，你可以把手指翻起来，这样它们就不会再碰你的拇指，也就是你的“边缘系统”。然而，如果我们在翻开手指之前留意到情绪变化的微妙信号，我们的前额叶皮质就会参与这个过程。我们大脑的执行功能会让我们保持觉察并管理情绪反应。

正如我之前提到的，当我在指导教师时，我注意到了这种“翻开手指”的现象。我目睹了一位老师对孩子的愤怒反应，但当我课后与她交谈时，她否认感到愤怒。这让我非常惊讶。即使我指出她的声音听起来很生气，她也否认了。

作为一名指导老师，这令人不安。我本应指导这些教师管理课堂，并与学生建立支持性的关系。如果他们没有留意到自己的愤怒，以及它是如何影响学生们的学习，我如何能帮助这些教师呢？我想找到这个答案的需求让我开始了探索之路，最终带来了我的研究和这本书的出版。

如果我们没有留意到自己的愤怒，我们就不能调整它。当我们意识到与愤怒相关的感觉和想法时，我们就会更清楚地意识到愤怒的情绪。一旦我们意识到了，我们就可以主动管理情绪。

在愤怒的时候，我们的思维变得狭隘，这使得我们很难考虑所有可能的解决方案。有一次，当我在教课堂管理时，一个学生向我提出了一个问题。她表示非常失望，说她已经尝试了“一切”。当我问她尝试了什么时，她说出了两个策略。考虑到任何问题都有无数可能的解决方案，她的思维显然因挫折而变得狭隘。正念觉察可以帮助我们认识到自身的反应，冷静下来，重新获得宽广的视野，让我们能够考虑所有的可能性。

愤怒有常见的生理反应。因为它的日的是自卫，所以心跳会加快，呼吸频率会提高，产生一种热的感觉。下巴、颈部和肩部的紧张源于伸出下巴、握紧拳头、准备战斗的冲动。这些是愤怒时的身体感觉，与西格尔的觉察之轮中的第六感“具身体现”相对应。

我们也会留意到自己的想法（觉察之轮的第七感）。艾克曼发现，当我们处于愤怒状态时，我们的想法会在某一点上产生扭曲。他把这称为不应期，因为与我们看到的情况反差很大，会屏蔽任何与我们的愤怒不相应的信息。

这种倾向帮助我们通过保持高度的情绪状态来生存下来，直到不再需要它。它也与其他负面情绪一起发生，如果我们的生命处于身体危险中，它是适宜的。然而，如果这种扭曲的想法持续很长时间，它会干扰我们的正常生活。我们变得有偏见，会造成麻烦。

例如，有一次，我正在指导一位名为斯卡林斯基的女实习老师的班级工作。我注意到一个男孩，他叫山姆，他很难坚持完成任务。很明显，他有自我调节的问题，需要老师花大量的精力来管理他。最后，他终于安静下来，坐在椅子上干他自己的事。

一个叫珍娜的女孩站起来削铅笔。当她转动卷笔刀时，她看了看老师在做什么。多年来，我了解到这种“侦察”行为是一种危险信号。计划恶意行为的儿童通常会先观察环境，看看谁在看她，并确保周围是安全的。然而，当我把脸转向另一个方向，假装在做笔记时，她没有注意到我在用余光观察她。

一旦珍娜觉得没有人在看她，她就走到山姆身边，拿着手里锋利的铅笔，把铅笔戳进他的胳膊。山姆痛苦地尖叫着，本能地用受伤的手臂朝她挥去，试图保护自己，并打了珍娜的脸。她蜷缩在地上尖叫道："他打了我！"

斯卡林斯基老师已经对这个男孩感到失望，她认为这是山姆的错。当她安慰珍娜时，她愤怒地斥责山姆："你为什么打她？"山姆仍在呜咽，说："她用铅笔戳了我！"斯卡林斯基老师不相信他。她不能接受任何与自己对山姆生气相矛盾的理由。她惩罚了山姆，并对珍娜表示同情。考虑到珍娜的预谋和恶意，她的行为远比山姆糟糕。山姆是出于自卫才本能地打了她。

事后，当我与斯卡林斯基老师交谈并告诉她所发生的事情时，她感到非常惊讶。她无法想象那个女孩会做出这样的事。她感到很难过，因为她意识到这个女孩利用了她对这个男孩的偏见。

有时自我管理能力失调的儿童会成为班级的替罪羊。同学们知道他们很容易被激怒，于是他们就成了激怒的目标。当我们没有意识到自身愤怒是如何扭曲我们的认知时，我们很容易被那些懂得如何操纵社交互动和情绪的孩子所欺骗。

让我在这里花点时间澄清一下。我不是说愤怒不好，也不是说你永远不应该表达愤怒。如果愤怒得到适当的引导和表达，它会很有用。下面是一个例子：夏尔马老师是一位杰出的教师。她非常有耐心，很少沮丧或生气。然而，有一次，当我指导一位老师时，我看到她巧妙地运用了自己的愤怒。

夏尔马老师和幼儿园的孩子们在操场上，尤素夫同学想要一辆马可同学正在玩的卡车玩具。他抓起卡车，要把卡车抢走。当发现抢不走时，他狠狠地打了马可同学的头。夏尔马老师平静地走向两个男孩。她安慰了马可，然后严厉地对尤素夫说："我的工作是保证每个人的安全。我不能让你伤害别人。请坐在长凳上冷静下来。然后我们再谈。"

她的声音很坚定，她的语气是事实，但很明显她是认真的。她显然很生气，但她有意识地高效运用自己的愤怒。她没有说或做任何伤害性的事。在所有人都冷静下来后，她和两个男孩坐下来讨论了情况。夏尔马老师帮助这两个男孩交流了他们的感受，并探索了解决冲突的办法。

与此相反，我经常观察的另一位教师约翰逊老师的脾气暴躁，经常发脾气，影响了她的教学。每当她遇到类似于马可和尤素夫的情况时，她往往会指责、埋怨和惩罚。约翰逊老师没有意识到她的行为会变成学生模仿的对象，她好奇学生为何如此互相攻击。她的学生已经养成了打小报告的习惯，试图激起她的愤怒，并将其指向同伴。

有一次，我目睹了莎拉和艾米莉为一盒马克笔而争吵。约翰逊老师对这种公然的干扰感到很愤怒，她很快就走到了两人面前，怒不可遏。"你们在扰乱课堂。马上停止！"她的语气暗示了她们的行为是故意的。"她拿了我的马克笔！"艾米莉辩护说。"不，是她！"莎拉指责道。由于约翰逊老师没有观察到所发生的事情，她把马克笔从她们俩身上拿走了。她用惩罚性的语气说："由于你们两个都扰乱课堂，所以你们要低着头坐五分钟。"对一个小分歧而言，这是相当严厉的惩罚，也没有帮助她们学会处理冲突。

当我们的行为是愤怒、责备和惩罚时，难怪我们的孩子会以我们的方式行事！我们有责任在课堂上创造社交互动和情绪基调。如果我们不巧妙地管理我们的愤怒，它可能会对课堂氛围造成不良影响。

在前面的例子中，夏尔马老师在操场上的反应呈现了她对学生的关心，并且理解他们还很年轻，还在学习如何相处。她清晰地表达了自己的愤怒，虽然没有伤害，但清楚地传达了打人是不可接受的。她认识到，当孩子们生气时，他们需要时间冷静下来，她通过解决问题来引导孩子们，教他们表达自己的感受并建设性地考虑其他解决方案。她没有责备任何一个人，也没有惩罚他们。

以这种方式疏导愤怒，可以建立信任和尊重。相反，像约翰逊老师那样的愤怒反应，很容易引发消极的、下意识反应的报复循环。虽然孩子们很容易识别我们的愤怒，但他们很少同情或理解我们的愤怒。他们还没有发展出所需的理解能力，而且他们可能没有被教导过在课堂上表现得体的技能。因此，我们的愤怒反应对他们来说可能是不公平的。

当个人感受到不公平的指责和惩罚时，他们通常会感到愤怒并想要报复。如果我们不小心，我们可能通过自己的行为，不经意地教导孩子们，愤怒和报复是可被社会接受的获得权利的方式。当我们练习正念并开始识别自身愤怒的信号时，我们可以通过做一两次正念呼吸冷静下来，考虑如何最好地应对这种情况，而不是过度反应。当我们能够持续这样做时，我们将以身作则，教给学生一个更好的方法来管理愤怒和冲突。

前面，我们了解了脚本以及它们如何影响我们准确感知情况的能力。当我们感觉到强烈的情绪时，我们可以花点时间看看在目前的情况下，这样愤怒是否有意义。有这样一个例子：加西亚老师是一名二年级教师，她参加了我的一个正念研讨会，她有一个名叫莫妮克的学生，每天早上都迟到。由于已经开始上课了，莫妮克的迟到打断了已经开始的课程，让加西亚老师很恼火。更复杂的是，莫妮克对迟到感到尴尬。当儿童在自我调节方面有困难时，他们可能会在尴尬时表现得比较愚笨。这正是莫妮克的情况。当她迟到时，她的同学们看着她，她会对他们吐舌头。

坐好后，她就发出了很大的声音，当她本该开始上课的时候，她的书、纸和铅笔掉了下来。莫妮克的行为引发了同学们的笑声和愚蠢反应，进一步扰乱了课堂。她的同学们也会模仿她，把自己的东西丢掉。当这种情况发生时，加西亚老师的烦恼会演变成愤怒。她对莫妮克愚蠢的行为感到很生气，将她独自移到教室的角落。这不仅没有帮助莫妮克自我调节，反而造成了进一步的尴尬，导致了更愚蠢的破坏性行为。在我们研讨会的第一天，加西亚老师认为莫妮克是她最大的行为问题。

经过几天的正念觉察练习，加西亚了解了自己的情绪模式和脚本，她对自己对莫妮克强烈的负面反应感到好奇。她意识到，她从来没有问过莫妮克为什么每天迟到。第二天，加西亚老师在课间休息时与莫妮克坐下来，问她为什么迟到。七岁的莫妮克告诉她，她妈妈晚上工作，早上她要准备上学时妈妈就睡着了。莫妮克不得不在没有任何成年人帮助或监督的情况下来上学。

当加西亚老师听到这个消息时，她对莫妮克的感觉发生了巨大的变化。她意识到莫妮克正在努力按时上学，莫妮克需要的是帮助，而不是谴责。加西亚老师意识到，她原先对莫妮克的情况有自己的诠释，这让她对莫妮克长期的迟到产生了强烈的愤怒。她回忆说，当她还是个孩子的时候，她的父母要求她严格守时。有一次，当她参加活动迟到时，她愤怒的母亲严厉地惩罚了她。这段可怕的经历产生了一个非常牢固的脚本——“你不能迟到！”她把这一下意识反应（脚本）投射到莫妮克的情况里。脚本妨碍了她去清楚地了解情况。她默认为莫妮克故意迟到，故意扰乱课堂。

一旦加西亚老师通过正念识别了自身存在脚本，她就能够克服对莫妮克的迟到做出下意识的愤怒反应，并改变了她对这种情况的态度。当莫妮克迟到时，她对莫妮克表示欢迎，帮助她安顿下来，并让她参加课堂活动，而不是把她安排到角落。感觉被接纳了，莫妮克表现得更好，其他同学也一样。加西亚老师解决了她最大的行为问题，她只需认出自己的一个脚本，利用意识来克服自己自动发怒的倾向，并给予莫妮克尊重和接纳。

恐惧

记住：当我们感到被伤害时，无论是身体上还是心理上，我们都会感到恐惧。恐惧引起的下意识反应是逃跑或僵住。根据不同的情况，我们可能会在感到恐惧后立即感到愤怒。如果我们意识到威胁我们的人没有那么强大，我们的恐惧可能很快就变成愤怒。

例如，想象你班上的一个学生说一些让你感到不舒服的话，你可能会有短暂的恐惧，然后对学生感到愤怒。威胁老师是不恰当的，这违反了道德行为，这就引起愤怒。另一方面，如果你的校长说一些让你感到不舒服的话，你更有可能在较长的时间内都感到恐惧。然而，当你回到家里，向身边的人讲述情况时，你可能会发现自己很生气，因为这样做是安全的。

根据艾克曼的研究，恐惧反应取决于三个基本因素：强度（威胁的严重程度）、时间（威胁是迫在眉睫还是即将到来？），以及应对（能做些什么来预防威胁？）。当威胁是严重和直接的，并且我们无能为力时，我们感到最恐惧。当面临严重的、直接的威胁，但我们可以采取行动减轻威胁时，我们可能不会感到那么恐惧。我们会把注意力专注于应对危机，因此我们不感到害怕。如果我们感到迫在眉睫的威胁，且我们无法控制，我们可能会感到严重的焦虑或恐慌。

花点时间，回忆一下你感到害怕的时候。回想一下你担心未来可能发生威胁性事件的时候，可能是最容易感到害怕的。例如，在那些重要的考试时，许多人都担心自己的学生在考试中表现不佳，这将对我们产生不良影响。在某些情况下，我们的工作可能会因此受到不好的影响。

当我们感到极度恐惧时，我们可能会留意到我们的手变得冰冷和潮湿。我们的呼吸可能会加快，我们可能会感到四肢发抖。我们也可能会注意到自己想要逃离或退缩的冲动。这是身体的下意识反应，产生了非常想逃离恐惧情况的冲动。这可能表现为我们想辞职或离开学校的想法。

认识到恐惧是件好事，无论是在我们自己身上还是在别人身上。如果我们留意到学生的恐惧，他们很有可能是害怕我们。恐惧的感受提醒我们，我们的愤怒可能会引发恐惧。当我们害怕时，我们往往会变得过度敏感，以此来保护自己。这可能会帮助我们避免威胁，但它损害了我们的学习能力。如果我们的学生的注意力完全集中在保护自己免受威胁上，那么他们就没办法专注于此刻正在上的数学课的内容。当我们对自己在课堂上引发的情绪有更多的觉察时，我们就会越来越留意我们的行为可能会对学生的学习能力产生负面影响，我们就可以改变自身的行为。

悲伤

通常引起悲伤的原因是因为失去。失去有多种形式，如失去亲人、失去关系、失去工作或失去同事的尊重。悲伤可以从轻微的失望过渡到严重的痛苦。悲伤有助于我们节约能量，并向他人发出我们需要帮助和关怀的信号。

花点时间回忆一下你感到悲伤或失望的时候。大多数时候，当我们想起过去的悲伤情况时，悲伤的感觉就会回来。当你回忆起这些悲伤情况时，请感受悲伤带来的身体感觉。你的身体有什么感觉？当我们感到悲伤时，我们通常会感到精力下降。我们可能会感到胸部沉重或空虚。我们在流泪之前，眼睛里可能会有一种灼热的感觉。

我在教学中一些最悲伤的经历，是因为我了解到我的学生生活在悲惨的环境中。当我开始用正念来应对悲伤时，我留意到这种情绪影响了我，原本可以采取一些帮助学生的行为。我意识到，虽然我同情他们的处境，也知道他们的生活有多么艰难，但这并没有促使我采取行为主动帮助他们。同理心是指感受他人经历的情绪，这通常会让人不知所措。当我学会管理自己的悲伤时，我能够将我的同情转为关怀，这就包含了我想去帮助他人的动机，以及找到我可以提供帮助的方式。

厌恶和蔑视

一般引起厌恶的原因是看到可能被污染的物体，这些物体通常与饮食有关。厌恶的防御功能是保护我们不吃可能有害的东西。然而，厌恶并不局限于吃东西。

当我们看到血腥的场面，或看到使人致残或变形的疾病症状时，我们会下意识地感到厌恶。对于某些行为，比如性变态，我们也会感到厌恶。让我们觉得恶心的东西有文化差异。这在食物方面很明显。我们可能会对其他文化认为美味的食物嗤之以鼻。

花点时间回忆一下你感到厌恶的时候。同样，当你回忆让你感到厌恶的情景时，身体也会有随之而来的感受。当你回忆让你厌恶的片段时，你的身体有什么感觉？当我们感到厌恶时，我们的鼻子会皱起，我们会斜着眼看。我们可能会感到有点恶心。可能有弯腰的冲动。这些都是信号，表明我们已经接触到了需要去掉的有毒物质。

对于孩子们来说，大多数成年人觉得讨厌的某些活动或事情可能是幽默的。例如，孩子们可能会说脏话或讲人类排泄物的笑话。《瘪三》《大头蛋》《辛普森一家》和《南方公园》等节目在儿童和青少年中的受欢迎程度证明了这一点。对于成年人来说，这种倾向让人很恼火，尤其是当我们试图教重要的主题时。

蔑视与厌恶相似，但涉及一定程度的轻蔑和居高临下的态度。厌恶可以针对无生命的物体，而蔑视则是针对人。我们可能会蔑视一个正在做一些让我们“觉得恶心”的事的人。虽然蔑视涉及一种优越感，但一个人对一个上级感到蔑视并不罕见。例如，学生可能会蔑视权威，或教师可能会蔑视校长或领导。

与厌恶和蔑视相关的一个危险是自我感丧失。如果我们对另一个人感到厌恶或蔑视，我们可能会有一种倾向，觉得自己有权对这个人不好。我们可能开始认为他不是人类，而是怪物或动物。这样一来，厌恶和蔑视会影响我们与学生建立的关系。

正如我们在第二章中所了解到的，对教师职业倦怠的研究发现，它往往会有三个阶段的发展。第一阶段，当教师在压力条件下（如在课堂混乱的情况下）试图自我调节时，就会出现情绪疲惫。如果教师因情绪疲惫而不堪重负，他们可能慢慢会倾向于把学生去人格化。

厌恶和蔑视可能是应对疲惫的一种方式。如果教师用厌恶和蔑视的眼光看待一个学生或他的行为（例如，“那个小怪物！”），他们就有借口不以关心、尊重和同情的态度对待她或他。当我们开始注意到自己对学生有厌恶或轻蔑的情绪时，是时候要多注意了。我们采取的应对策略，可能会对我们的教学情况和学生的学习造成极大的损害。

管理情绪

综上所述，我们已经了解了压力反应和消极的情绪。这些自然的生理反应是为了帮助我们生存，但在当今的社会里，这些反应会严重破坏我们的幸福和健康。这是因为今天给我们带来压力的往往不是身体上的威胁，而是心理上的威胁。

在许多情况下，我们感受到的威胁来自一个脚本（下意识的诠释）——一种习惯性地对类似于过去引起强烈情绪的情况做出反应的神经网络模式，而不是对当前的实际情况做出反应。我们带着这些脚本的“数据库”，它们使我们无法客观地体验当下这一时刻。

随着时间的推移和细心的觉察，你可以学会重新认识和放下你原先的脚本，这样你就可以做出有意识的回应，而不是下意识反应。你自身和学生的负面情绪对你的课堂关系和学习环境的创造有至关重要的影响。接下来，你将学习一些正念觉察练习，你可以通过这些练习来帮助自己识别脚本和对脚本做出建设性的回应。

正念技能练习

身体扫描

感受情绪的其中一种正念练习是身体扫描。这是一种简单的技巧，涉及将注意力转移到身体的不同部位并注意到感觉。在你需要感受身体的时候，你就可以快速、非正式地做这个练习。这是一种让自己回到当下的强有力方式。你也可以多做正式的身体扫描练习，可以坐在椅子上或地上的垫子上，也可以躺着做。许多人喜欢在睡觉前做这个练习，并说这对他们的睡眠有帮助。

当你坐在地板上或躺在床上时，首先把注意力集中在你的呼吸上，就像你在做感受呼吸的正念练习那样。留意空气从鼻孔和肺部进出身体的感觉。留意呼吸时胸部和腹部的扩张和收缩。

一旦你的心开始平静下来，把你的注意力转移到你的脚上。留意你脚上的感觉。如果你坐着，感受双腿的重量通过脚底压在地板上。如果你躺下，留意脚后跟在地板或床上的压力。注意你的脚是否紧张。你可能会体会到你的脚与袜子和鞋子接触的感觉。这样做的目的不是试图放松紧张，而是要去感受它。一旦你留意到这种感觉，看看当你把注意力带到你的脚时，它是否会发生变化。

接下来，把你的注意力带到你的小腿上。感受一下你的小腿有什么感觉？你能感觉到衣服接触小腿的触感吗？你的小腿是否紧张呢？

现在把你的注意力转移到你的膝盖和大腿上，感受这些部位的感觉。你身体的这些部位是否有紧张感呢？你可能会留意到上身的重量将大腿和臀部压向椅子或地板。

现在把你的注意力转向你的躯干。从你的背部开始，把你的注意力带到你的脊柱上，看看你是否有紧张的感觉。将注意力从脊柱向外扩展，感受整个背部。如果你躺着，留意你身体的重量将你的背部压到地板或床上。当你感受背部的感觉时，留意是否有紧张感。

现在把你的注意力移到肩膀上。这是一个我们很多人都容易感到非常紧张的地方。轻轻地感受肩膀上的感觉。你可能会留意到衣服接触肩膀的感觉。

接下来把注意力转到躯干的前面。留意你的胸腔和腹部是否有紧张感。再一次，留意胸腔和腹部随着每次呼吸的起伏，感受呼吸的感觉。

现在把你的注意力转到脖子上，这是另一个很多人感到紧张的地方。感受你的脖子，留意那里是否紧张。

向上转移你的注意力，感受头部。你可能会留意到下巴、耳朵周围或鼻子周围的肌肉紧张。你的眼睛可能会紧张。把注意力带到额头。额头是否紧张呢?

一旦你完成了身体扫描练习，花几分钟感受整个身体。你的身体有没有特别紧张的部位?如果有的话，回到紧张的部位，在那里感受它。请注意，当你把你的注意力带到这个部位时，这个部位的感觉是否有变化。在你感觉舒适的情况下，花尽可能多的时间，把温和的觉察带到这个地方。最后，在每次吸气和呼气之后，将你的注意力带回你的呼吸，以此来结束练习。

与困难的情绪相处

以下练习旨在帮助你管理让你感到难过和不愉快的情绪。很多时候，你可能会留意到自己感到不舒服的负面情绪。这些情绪体验可能从温和到强烈。如果很不舒服，和大多数人一样，你可能会下意识地通过做其他事情来转移自己的注意力，以避免直面这种感觉。

下次你发现自己感觉不舒服时，与其这样做，不如花点时间感受一下这种感觉。首先留意你是否真的有身体上的威胁。如果有威胁的话，你可能需要迅速行动，这可能不是进行反思的恰当时机！然而，如果你没有面临迫在眉睫的危险，花点时间来研究一下这种情绪。

在开始之前，请记住，这个练习的目的是自我发现，而不是自我批评。你正在观察一种正常的、人类感受威胁时的反应。你有什么感觉?做一个简短的身体扫描。你身体的哪些部位感到紧张?你注意到你体温的变化吗?你是否注意到腹部、头部、颈部或肩部的感觉?你的四肢有何感觉?

探索这些感受并与之共处。不要试图阻止或改变这些感受；只需带着好奇、开放和关怀的态度去感受。当你有情绪时，觉察你的想法。你是否听过“全有或全无”的说法？这是一个信号，表明你已经进入了难受期，在这个时期，你的思绪不允许矛盾的信息进入，而这强化了情绪本身。你可能会听到自己这样想：“他总是这样！他想毁了我的一天！”看看这种想法会如何加剧你的愤怒。如果可以，就观察一下；不要卷入消极的想法中。想象你在远处听到你的想法，就像你在听收音机或电视一样。记住，你不等于你的想法。

在这个练习中，回忆一下你感到不舒服的时候。例如，现在我还记得有一次，我很生气，因为一个学生做了一件让我感到非常恼火的事情：她在桌子上敲铅笔，而全班都在忙着完成任务。因此，回想起来，我意识到这根本没有威胁。我只是心情特别烦躁。我没有什么需要做的，但我感到很恼火。当我回忆起这个场景时，我留意到我的头感觉很热。事实上，我的整个上半身都在发热和紧张。我还留意到，我在评判正在敲铅笔的学生。我开始不喜欢她，除了她的行为让我恼火之外，没有其他真正的原因。我听到自己在想，“她快把我逼疯了”。当我观察到这种感觉时，我留意到感觉开始消退。情绪不会持续很长时间，我们可以在情绪激动的过程中保持正念觉察，这个练习很有帮助，因为它能让我们了解我们的情绪是如何运作的。当你熟悉与负面情绪相关的身体感觉时，你会在情绪反应的开始阶段就留意到它们。当你了解你的情绪模式以及你的情绪如何影响你的想法和感觉时，这种觉察将帮助你调整情绪，以便你能够做出适当的回应，而不是下意识的反应。在你的情绪日记中记录这些做法可能对你有帮助。

当你记录发生了什么事引起你的情绪，你留意到的身体感觉，以及出现的想法和情绪时，你将能管理你的情绪。

了解我们的惯性反应

正如你在本章中所学到的，脚本是对触发过去类似情绪的触发情况所产生的有条件的情绪反应。脚本存储在你情绪记忆的数据库中，影响你的思维、感觉和行为。当你练习管理棘手的情绪时，你会开始注意到伴随这种情绪的下意识思维模式。这将为情绪反应背后的脚本提供线索。

实践管理困难情绪的正念练习，有助于你理解你的脚本。这一点比较棘手，因为你的脚本深深地植根于你的身体和头脑。然而，如果你能探索当你感觉到强烈情绪时产生的思维模式，你就有机会留意到情绪背后的脚本。

例如，现在回想一下那个敲铅笔的孩子，我注意到我对她恼人行为的想法是很离谱的。我听到自己在想，这个女孩是故意要把我逼疯。然而，从客观的角度来看，我意识到我的想法一定与我的脚本有关；事实上，她甚至可能没有意识到自己在用铅笔制造噪声。我记得有一次，我妈妈很生气，因为我以同样的方式敲铅笔而受到惩罚。这段经历在我脚本的数据库中植入一个模式，当我看到学生做同样的事情时，就会激起类似的思维模式。

当你记下你的情绪日记时，留意这些思维模式。随着时间的推移，你会学到很多关于你的脚本以及如何克服它们的知识。

CHAPTER 4 | 第四章

积极的力量

在教学中，我们都有过那些奇迹般的时刻，我们与学生的状态同步，处在心流状态。在那一刻，我们都处于最佳状态，就像一流的爵士乐组合。学生们兴致勃勃，热情高涨，兴高采烈地参加了我们努力规划的学习活动。他们合作完成学习任务，互相帮助，并提出复杂但有趣的问题。对问题的创造性和好奇的反应是自然而然的，学习的兴奋是显而易见的。

当我们想起自己为何选择成为一名老师时，这些是最有价值的时刻。但是，当教学的重担压得我们喘不过气来的时候，这些时刻就会变得很罕见。如果能让这些全情投入学习的时刻更持久的话，会是怎么样的呢?

在本章中，你将学习如何运用正念培养和维持积极的课堂氛围，提高创造力，改善合作，促进深度思考，增强解决问题的能力和提高动力。

可能和我一样，你想成为一名教师是因为你想帮助孩子们学习和成长。当学生有这样的“啊哈”时刻，并对我们表示感谢时，我们会感受到内在积极的情绪：喜悦、希望、自豪和鼓舞。这些积极的情绪拓宽了我们的思维和想法，为我们继续投入工作建立了所需的资源。这些积极的情绪强化了我们对教学的承诺。

然而，有时我们会错过这些令人愉快的时刻，并被工作压力和要求所困扰。每天的烦恼都会让我们产生时间不够的错觉。这使我们担心，“我必须上完这节课，否则我的学生在春季的测试中不会有好成绩。如果他们考得不好，我可能会失去工作”。事实是，虽然需求是事实，但我们为日常小事而苦恼的时间，只会占用我们实际解决问题的能力。当这种情况发生时，教学中的小麻烦就会掩盖和影响真正的教学工作，这个教学工作就是精巧地设计一个有吸引力的学习环境和有效的教学方案。

在这一章中，我们将重点讨论为学习创造最佳条件：积极、舒适的情绪。积极的情绪是会传染的。当我们感受到愉快的情绪时，我们的学生也会情不自禁地产生同样的感觉。这些积极的情绪会拓宽学生的思维，并建立成为高效学习者所需的重要资源。在这一章中，你将学习如何运用正念觉察来培养和维持学生与自己的积极情绪，并发现这种积极性如何有助于营造一个情感丰富和支持性的学习氛围。

在过去的20年里，科学家们发现了积极情绪的力量。我们也可以认为这些情绪是“愉快的”，因为它们通常与愉快的想法和身体感觉相关。

芭芭拉·弗雷德里克森（Barbara Fredrickson）和她的同事弗雷德里克森（Fredrickson）创立了“拓宽和构建积极情绪”的理论。该理论提出，积极情绪的进化是为了支持生存，通过拓宽觉察范围来建立个人的资源。积极的情绪会带来更多样的想法、反应和见解。

艾克曼将“快乐”确定为基本的情绪之一，而弗雷德里克森则通过对积极价值的探索，发现了各种各样的积极情绪，这些情绪通过类似的“快乐”的方式表现出来：真心的微笑。根据弗雷德里克森的说法，一般人都会经常体验到10种基本的积极情绪：喜悦、感激、平静、兴趣、希望、自豪、娱乐、灵感、敬畏和爱。这些是所有积极情绪中最常见的积极情绪。

在本章中，你将学习积极情绪如何改变你的思维和行为方式。你将学习如何体验积极情绪，建立人际关系和内在资源，让你身心更健康、更有适应力，并支持你与他人建立稳定的关系。你将了解产生强大学习动力的关键情绪，并促进使学习更轻松、更高效的反应。最后，你将学习如何在课堂上培养、品味和保持这些关键的积极情绪，以帮助学生在学业、社交互动和情绪管理上都能有所成长。

什么是积极性

正如你在上一章中所学到的，情绪是我们对某些事物的诠释或评价带来的短暂的、下意识的反应。这些反应发生在我们身体的各种系统中。我们的自主神经系统先做出反应，为我们应对这种情况做好准备。如果我们生气了，我们的身体就准备好战斗。如果我们感到害怕，我们就会僵住或准备逃跑。身体的荷尔蒙和认知强化了这些反应。最后，我们的行为会发生改变，以应对感知到的威胁。当我们评估情况对我们不利时，我们会经历负面（或不愉快）的情绪。当我们评估情况对我们有利时，我们会感受到积极（或愉悦）的情绪，也就是说，我们会体验到积极性。

多年来，情绪研究人员一直关注负面或不愉快的情绪。正如你在上一章中所学到的，研究支持达尔文的假设，即消极情绪是一种适应性功能，通过触发我们战斗、逃跑或僵住，使我们做好应对威胁的准备。例如，当我们看到一条蛇挡住我们的去路时，我们的身体会自动做出反应，僵住或朝相反的方向跑。我们的想法强化了我们的恐惧反应："哎呀！蛇！我最好在它咬我之前逃离这里！"

当情绪研究人员把注意力转向积极情绪时，他们首先应用了他们曾经用于研究负面情绪的相同理论。他们寻找每种情绪的生物特征，如心率、皮肤传导和面部表情的变化。由于这种方法在研究消极情绪方面取得了成功，科学家们认为它也适用于研究积极情绪。

然而，他们发现，与消极性不同，积极性对心血管系统没有戏剧性的普遍影响。除了真实的微笑（相对于假笑）这一种面部表情之外，积极的情绪并没有独立的生物特征。那么，拥有积极情绪的进化益处是什么？它们为我们准备了什么？它们如何帮助我们生存？

在几十年的过程中，弗雷德里克森和她的同事们创立了积极性的拓宽和构建理论，并通过各种创造性研究对其进行了测试。当我们研究这一理论，并将研究结果应用于我们作为教师的工作时，我们发现，将正念觉察和积极性的结合巧妙应用于教学时，它可以改变我们的课堂，并大大提高我们的个人幸福感和职业幸福感。

积极性的影响：拓宽和构建

当弗雷德里克森开始研究工作时，她假设积极情绪能够“消除”负面情绪带来的生理影响。在几项研究中，弗雷德里克森和她的同事证实了这一假说。在一项研究中，参与者观看了一段83秒的视频片段，视频中一名男子沿着高层建筑的边缘缓慢移动。这个视频片段先前已被证明能成功地诱发恐惧的主观体验，以及与恐惧反应相关的生物特征。

在短暂休息后，参与者被随机分配观看另外四个视频中的一个。其中一个是嬉戏的小狗，另一个是海浪，另一个是屏保图案，还有一个是一个男孩因父亲的去世而哭泣。这些片段被证明分别能引起娱乐、满足、无特定情绪（中性）和悲伤。显示积极片段（小狗和海浪）的两组从先前的恐惧反应中恢复的速度是显示中性片段（屏保图案）的小组的两倍，而比显示悲伤片段（哭泣的男孩）的快三倍。这证实了弗雷德里克森的假设：娱乐和满足“消除”了恐惧反应的影响。

虽然这些发现令人兴奋，但弗雷德里克森很快意识到，消除影响只是冰山一角。积极情绪的作用远不止这些。负面情绪帮助我们在短期内生存下来，因此会对我们的身体和想法产生直接的，有时甚至是戏剧性的影响。相比之下，积极情绪具有更微妙、更长期的影响。积极的情绪拓宽了我们的觉察范围，建立了增强复原力的资源。接下来，我们将研究这些功能是如何运作的，并探讨它们如何提高我们的幸福感。然后，我们将探讨它们在提高教学和课堂效果方面可以发挥的重要作用。

要见森林，不止见树

为了研究积极情绪的影响，科学家首先需要一种可靠的方式来触发这些情绪。他们开发了各种技术，例如让研究对象观看电影、看照片或听音乐，这些都能可靠地引发积极情绪。有时，他们会使用引发情绪的实验情境，例如，给研究参与者一个小的、意想不到的礼物。在他们引发了研究对象的积极情绪后，他们测量了接受干预的研究对象与对照组研究对象的变化。他们通过测试排除了不相干的变量，以确保实际上正是情绪的变化带来了他们所观察到的反应。

在这样的研究中，科学家们发现，积极情绪带来的一个简单的影响是扩宽了视觉注意力。在一项研究中，弗雷德里克森和她的同事向研究对象展示了图像，这些图像可以根据整体形状进行全局观察，也可以根据个别细节进行局部观察。换句话说，这些图像包含了很多细节，但它们也包含了象征性的元素，这些元素更具有全局性，传达了一个统一的概念，而不仅仅是各个部分的总和。

当研究对象被引发积极情绪时，他们更有可能从全局的角度感知图像。当他们被引发产生负面情绪时，他们错过了大画面，只关注细节。他们真的“只见树木，不见森林”。其他研究发现，积极的情绪确实拓宽了我们的视觉觉知范围。换言之，当我们感觉到积极情绪时，我们能留意到更多周边的事情。

研究发现，积极情绪带来的注意力拓宽效应使人们更能关注身边人的需求。积极情绪增加了信任，促进了人们之间的人际关系，从而增加了社交机会。积极情绪打破了“我们与他们”对立的障碍，减少了偏见。这项研究表明，积极情绪会改变我们的思考方式、运作方式和行为方式。随着时间的推移，这些经历积累了重要而持久的资源，使我们能够在课堂内外保有灵活度，并帮助我们的学生茁壮成长。

幸福的基石

积极情绪的注意力扩展效应有助于建立幸福感，从而促进长期生存。积极的情绪可以增强认知能力，促进牢固持久的社会关系、健康、长寿、抵抗疾病、主观能动性和效能。换句话说，积极的情绪直接有助于提高我们的整体生活满意度。

爱丽丝·伊森（Alice Isen）是早期情绪科研人员，也给弗雷德里克森的工作带来了启发。她和她的同事发现，在特定条件下体验积极情绪的人，也会体验到非常不同的思维模式和行为。在动机较强的条件下，积极情绪有助于改善认知功能。换句话说，当情况对我们来说很有趣或很重要时，积极情绪会帮助我们更好地思考。在这种情况下，思维变得更加高效和全面，同时也更加灵活和创新。思维也更具创造力和开放性、前瞻性、深度和效率。

这项研究对教育工作者的影响是巨大而深远的。如果我们能在课堂上持续保持积极情绪，同时激发学生的兴趣和动力，我们的教学和学生的学习很可能会得到极大的改善。练习正念有助于我们更好地了解自己情绪的微妙之处以及课堂上的情绪氛围。当我们注意到自己的情绪和课堂上的情绪氛围时，我们更有可能采取行动支持和维持积极情绪的氛围。此外，积极情绪是自我强化的。研究表明，一旦你充满正念地、有意识地在课堂上营造一个积极情绪的氛围，你的学生会帮助你加强这种情绪。

积极的氛围也会促进亲社会行为。例如，经历积极情绪的人更慷慨、更乐于助人。当研究人员引发研究对象的积极情绪时，这些研究对象更有可能帮助别人捡起掉下来的文件，或给慈善机构捐赠。研究发现，积极影响可以促进工作中解决问题、解决冲突和团队行为的创新方法。当人们被引发感受到积极的情绪时，他们更有可能创造性地思考如何解决人际关系难题，并将更深入和全面地了解情况。最后，积极性会让人们在紧张的情况下减少防御性行为。

防止陷入负面情绪的旋涡

正如我们在上一章中所看到的，负面情绪通过缩小我们的感知范围，将注意力短期内集中在能够确保生存的行动上，从而帮助我们生存下来。当长期处在严重的负面情绪中时，使我们准备好对威胁情况做出快速反应的荷尔蒙和神经递质会变得对我们的身心有害。因此，从这些负面的情绪反应中恢复对我们的健康至关重要。然而，有时我们会陷入负面情绪的旋涡中。

这里有一个例子。比方说，我的一个学生特别难搞。大多数时候，我都可以控制自己的反应，但有时我会失控。她的行为激怒了我，我反应过激。事后，我对自己的反应感到后悔。我可能变得自我批评，过度关注自己做得不够好的地方。

反刍的想法加强了悔恨和悲伤的感觉。这可能包括这样的想法："我为什么要这样做？我知道这样做是没有用的。这只会让事情变得更糟。为什么我不能控制自己？"或者我可能会把注意力集中在学生身上，愤怒地认为："他总是打断我的课堂，想干扰我上课！我希望他不在我的课上。"无论我是在后悔还是愤怒中反刍，我都像是陷入有毒化学物质的环境里。

随着时间的推移，这些有毒化学物质会损害我的健康。这些负面的情绪会慢慢渗透到我的身体内，并停留在那里。

消极的反应会产生消极的旋涡，甚至引发权力斗争。那些激怒我们的学生通常在管理情绪反应方面都存在问题。他们缺少重要的社交互动和感知情绪技能，而这些技能是他们管理自己和恰当行为所需要的，因此他们在课堂上给老师带来了挑战。当我们对这些孩子反应过度时，我们就会强化他们的惯性反应。很可能他们不理解我们为什么不高兴，而且可能觉得我们的反应过度是不公平的。这就导致了防御性或报复性的行为，从而进一步强化了我们的看法，即这个学生不尊重我们，故意要让我们难堪。

积极情绪可以帮助我们应对这些挑战，使我们摆脱消极情绪。它们是防止负面情绪将我们吸进下行旋涡的缓冲器。韧性的标志是当我们需要应对困难的影响时，能够激发积极情绪。如果我能够笑着面对现状，理解我自己和学生，我就能迅速调整，继续前进。通过这种方式，积极情绪在抵抗压力方面起着重要作用。

留意和品味积极性

还记得丹·西格尔在第一章中分享的觉察之轮吗？我们可以通过八种感知，带着正念觉察我们的内在和外在体验。觉察之轮的中心是我们的觉察。边缘包含了所有可能感知到的对象，我们通过以下八种维度进行感知：我们的五感，身体的感觉或具身体现，“心智觉察”或思维觉察，以及调和与他人的关系。

在第二章中，我们探讨了觉察之轮如何给我们提供重要信息，让我们更关注自己的情绪。我们内在的身体感觉通常在我们完全意识到情绪反应之前，就给了我们关于即将发生的情绪反应的信号。正如我之前所描述的，当我感到沮丧和愤怒在心中酝酿时，我注意到我的下巴变得紧绷。我开始感到“怒气冲冲”和“怒火中烧”。我的肩膀耸起，脖子开始往前伸。我可能还注意到，我感到“紧张”，紧握拳头。这些身体反应是战斗、逃跑或僵住反应的一部分，使我能够对真实的或想象中的威胁快速做出反应。如果我注意到这些身体感觉，我可以采取行动自我调整。

积极情绪就微妙得多，以至于很容易被忽略。积极情绪带来的身体反应会在我们的言语中体现出来。“敞开心扉”和“热心肠”表达了当我们感受到爱、喜悦和其他积极情绪时，我们的胸口感受到了开放和温暖的感觉。全情投入呈现了当我们带着积极情绪投入工作时，所经历的心流状态。其他积极情绪的表达包括“高兴得跳起来”“往好的方面看”和“有一个柔软的地方”。当我们更加熟悉积极情绪带来的身体感觉时，我们更有可能留意到自己感受到积极性，并品味这种积极的感觉。

在大多数情况下，我对帮助学生学习充满了积极性。一个戏剧性的例子发生在我在一家精神科医院教五个孩子的小班课时。萨米是一个5岁的男孩，由于被虐待和忽视，他有严重的发育迟缓和情绪问题。虽然他有语言和运动迟缓的障碍，但他有强烈的学习欲望。我的目标是增加他的词汇量，并帮助他发展新的运动技能，这样他就能够握笔写字了。

每天上课时，我都会用图卡和书本向他介绍新单词。他非常渴望学习，而且学得非常快。当他看到一个高年级的同学在用塑料字母拼写单词，他想知道这些单词是什么。于是我采用蒙台梭利的方法，教他几个字母的发音，这些字母很容易组合成单词。根据我的教学经验，我发现孩子们在认识整个字母表之前就可以开始发音了，所以我向他介绍了字母c、a和t。

在我真正向他展示这些字母如何组合成“猫”这个词之前，他出乎意料地自己做了。他抬头看着我，笑着说：“我可以写单词了！”他很兴奋，因为他发现了造字的秘密。能够参与这个孩子的发现真是太让人高兴了。这个孩子在童年早期的大部分时间里被遗弃在婴儿床上，没有足够的食物。他有这样的成长，我激动得想哭。

当我想到并写下这段经历时，我浑身起鸡皮疙瘩。我的身体因喜悦而发麻。我可以和这种感觉待一起，品味它，就像品味一块美味的巧克力。当我这样做的时候，我在用积极的态度来建立我的复原力，这就像在银行账户中存款。随着时间的推移，少量但定期的存款会成长为巨大的心理和身体储备，可以在面临困难时运用这些储备来帮助我们。

你也可以教你的学生留意和品味积极性。当那些快乐、自豪、热情、兴趣、激动和爱的时刻出现在你的课堂上时，请识别它们。在学生成功完成了一个难题后，你可以说：“你真的很努力，解决了这个问题，我真为你感到自豪。这不是很好吗？当你感到自豪时，你的身体有什么感觉？你能画一张你感到骄傲时的照片吗？”年幼的孩子更难把注意力集中在某件事情上，而画画或写字能帮助他们完成反思过程。

你也可以指出教学内容中的积极情绪。有很多机会通过诗歌、文学、数学、科学和社会研究来了解积极情绪的力量。你可以阅读那些能灌输强烈的积极情绪的诗歌，并请你的学生也写类似的诗歌。你可以分享关于积极情绪的主题故事：新发现带来的开心，克服巨大困难后带来的希望和喜悦，对发明的敬畏。

你甚至可以将积极的情绪运用到数学内容中！有一个传统的蒙台梭利小学数学活动，涉及埃及人对直角的发现。当我过去讲这一课时，我会告诉孩子们在古代尼罗河每年都会淹没农田、摧毁农民的财产的故事。这导致了很多关于一个农民的土地在哪里结束，另一个农民的土地在哪里开始的争论。有一天，一个农民发现，如果他从他土地边缘的远边量出一个直角，他就可以沿着直线一直到河边，就知道土地是谁的。

当我上这节课的时候，我会以戏剧的方式讲述这个故事，让孩子们一起表演来呈现这个难题。当我们想到使用直角的想法时，我们都会高兴得跳起来。以这种方式教授内容，不仅能提高孩子们的兴趣和参与度，还能让孩子们知道学习抽象概念是有实际原因的。这也有助于他们记住这些概念。当我们把积极情绪与信息联系起来时，我们会更好地记住它。

常见的积极情绪及其用途

在本节中，我们将研究最常见的积极情绪的原因和影响，以及它们如何能够支持我们的教学和学生的学习。情绪，无论是积极的还是消极的，都具有很强的感染力。从本质上讲，大多数儿童和年轻人对周边环境的情绪都非常敏感。他们还没有发展出成年人用来保护自己、屏蔽周围情绪的过滤器。

正如我们之前发现的，这在进化上是有意义的。与其他大多数哺乳动物相比，人类婴儿和儿童的发育程度要慢得多，为了生存，他们在很大程度上依赖于照顾他们的成年人。因此，对父母和其他人的情绪最敏感的儿童最有可能生存下来。一个母亲听到一个威胁性的声音，立即跳起来就跑。机警的孩子等不及被抱起，就直接跳进母亲的怀里，就最有可能活下来。同样地，我们的学生向我们寻求帮助，希望了解如何感受和应对特定情况的线索。

当我们注意到课堂上的社交互动和情绪动态时，我们可以将这种理解应用到促进积极性的情境中。这将有助于缓解我们的压力，并帮助我们的学生为学习做好准备。通过花点时间放慢脚步，以非评判性的方式评估我们自己和学生的情绪基调，我们营造了一个空间来转移情绪能量，为我们的教学目标服务。

下面是一个例子，说明为什么这样做是有效的。那是在标准化考试前几周，丹尼弗老师开始担心学生的表现。每一天，他都变得越来越紧张，这也开始影响到他的学生。他参加了我们的基于正念的教师专业发展项目，我是他的教练。在一次教练课上，他告诉我他越来越紧张："我真的很担心我的学生在下周的考试中考不好。"

他问我，对于提高学生的考试成绩，我有什么建议。我请他谈谈他对即将到来的考试的想法和感受。他说："我感觉胃里有一个结，我的肩膀很紧张。我注意到，我真的很纠结于考试。""当你有这种感觉时，它会如何影响你的教学？"我问道。

他想了一会儿，说："一直以来，我都认为是孩子们在抗拒，这真的很令人难过。现在我明白了，是我的问题。考试让我感到压力太大，以至于我变得非常不耐烦和暴躁。孩子们对我的暴躁有抵触情绪，而不抵触上课。"

在我们的讨论中，丹尼弗老师决定放下对考试的担忧，花些时间重建他的课堂气氛。后来他告诉我，他的学生的行为有所改善，他们在考试中的表现比他预期的要好。

接下来，我们将探讨每一种最常见的积极情绪，并学习什么会触发它们以及它们会促进什么行为。我们将看到我们如何能够最好地利用每一种短期情绪来帮助我们，从长远的角度，来保持我们的耐力、复原力和积极的能量，以及每种积极的情绪如何能促进学生的亲社会行为和学习。

爱的力量

你可能会惊讶地发现，爱是最常见的情感。芭芭拉·弗雷德里克森在她的研究中发现，爱具有不同于其他积极情感的特性。她将爱定义为“积极的共鸣”，当两个或更多的人分享积极的情绪时，就会产生这种共鸣。就像所有的情绪一样，这些爱的时刻是短暂的，在当下是可以全然地感受到爱的。我们越是正念练习，就越能留意到和享受这些时刻。爱是通过我们的第八感来体验的，就像在觉察之轮上所表达的那样。根据定义，它是与另一个人相契合的体验。

当然，在我们的文化中，我们也用更久远的词语来定义爱，作为对另一个人保持深入的亲密关系的承诺，无论是否有浪漫的关系。例如，我可以说我爱我的姐妹和儿子。我也可以说我爱我的丈夫，但是以一种更浪漫的方式。虽然我爱他们所有人，但我不会像弗雷德里克森所定义的那样，在任何时候都与所有人分享爱的时刻。事实上，在我们的生活中，我们经常与许多不太亲密的人分享“爱的时刻”。当我的学生和我为一个有趣的事情而大笑时，或者当我和同事进行了有趣的讨论，我们分享了发现的兴奋时，我们正在经历一些小而重要的“爱”的时刻，这些时刻可以对我们的生活产生巨大的影响。

培养和品味这些重要的爱的时刻，有一些重要的条件。第一个条件，需要感受到安全感。如果我们感觉受到威胁，我们的身体和大脑会立即做出反应，关闭感受爱的可能性。就像一座城堡，在被围困的情况下拉起桥梁，封上门，我们的大脑进入生存模式，准备保护自己。我们变得谨慎和具有防御性。我们的眼睛观察所处的环境，以便在危险到来之前避开它。这不是一个可以让大家分享积极共鸣的条件！

第二个条件是物理连接或近距离接触，这使我们能够与另一个人“同步”或“合拍”。当我们与某人合拍时，我们会体验到我在第一章中描述的人际正念：我们处于相同的生物波长上。科学家们发现，在这些爱的时刻，心率和其他生物功能，以及手势和面部表情都变得同步。从字面上看，彼此之间的关系比较同频。

眼神交流对这种体验很重要。它有助于我们理解伴侣的情绪，以便我们更好地了解他或她的需求。当我们进行眼神交流时，我们可以通过对方的表情来直观地了解对方的感受。我们能感觉到对方的动机。微笑创造了同频、生化上的联系和相互关心的感觉。当在安全的关系中感受到其他积极情绪时，就会产生爱的感觉。在某种意义上，爱是其他情绪的混合体。通过这种方式，爱强化了其他情绪带来的影响。

这里有一个在真实生活中体现爱的老师的例子：莱弗勒夫人是东洛杉矶威尔科克斯小学五年级的老师。她在一个名为“风暴中的庇护所”的短视频中亮相。如果你有机会，在谷歌上搜索，你会看到这个非常好的例子，一个真正爱孩子的老师。她对学生表达了深深的敬意和强烈的关怀，学生在她的课堂上显然感到安全。如果你观看了这个视频，你可以感受到莱弗勒夫人和她的学生之间的同频。这是可以感觉到的，因为孩子们的脸上洋溢着幸福。

爱是我们的秘密武器。我们很难与这个超级互联、媒体驱动的世界竞争，因为这个世界的事物瞬息万变，也让我们很难专注。然而，电子游戏、iPad、电子邮件、短信、电视和电影，并不能给孩子们带来他们真正渴望的基本要素：与有爱心的成年人建立联系并产生积极的共鸣。人类有一种与生俱来的动力，以真实的方式与世界互动，并为我们的社区做出有价值的贡献。随着我们更加正念地留意到与学生互动的机会，我们的课堂上的积极性也会被充分调动起来。

其他积极情绪的影响

喜悦

在爱之后，第二种最常见的情绪是喜悦。当令人愉快和惊喜的事情发生时，我们会感到高兴。我们可能会收到一些好消息或惊喜，比如，一个学生从她的花园里给我们带来一束花，另一个学生给我们他画的画。喜悦引发了我们投入到任何事情的欲望。作为教师，我们知道喜悦是投入式、激励式和体验式学习的关键。当我们喜欢教学的时候，我们的喜悦会渗透到我们的课堂里。我们的学生被我们吸引，因为他们想分享我们的快乐。

许多成年人已经失去了孩子们般自发的快乐。婴儿在迎接世界的同时也在寻找喜悦。在儿童发展早期，他们会想要看到他人的脸和微笑，希望能引发与另一个人感受爱的时刻。在正常发育的儿童中，带着喜悦靠近世界是一种常见的体验。孩子们喜欢各种各样的游戏和学习活动。然而，当他们到了学校时，他们往往失去了这种自发的喜悦。他们从新环境中得到了一个信息，那就是他们必须认真对待。这样一来，学习就成了苦差事。作为教师，我们有责任不断寻找激发孩子们喜悦的方法。我们可以通过利用学生喜欢新事物的倾向来做到这一点。当然，并不是所有的学习任务都是有趣和令人兴奋的，但积极的情绪，如感激、兴趣和自豪感，有助于激励学生，即使手头的任务是具有挑战性的。

感恩

当我们意识到另一个人给我们带来了惊喜时，我们会感受到感激之情，并经常向那个人表示感谢。当有人想到我们的需要并以善意和体贴帮助我们时，它会让我们想为他人做同样的事，并使我们具备表达善意和关怀的新技能。

经常有感恩体验与健康的心理和社会功能有关。经常心怀感激的人会体验到更多的生活满足感、活力和乐观。他们的抑郁和嫉妒等情绪也比较少。感恩的人往往更支持、帮助、宽容和同情他人。

培养感激之情的方法有很多。在每个教学日的开始和结束时，试着数一数当天发生的好事。研究发现，经过简单的感恩练习，如养成每天细数感恩之事的习惯，可以改善情绪。记住生活中所有我们所感激之事，可以改善情绪状态。我们要学会欣赏和珍惜我们所拥有的，即使是微不足道的东西。当我们与学生分享我们的感恩和赞赏时，我们就传达了我们对他们的珍视。

一些研究表明，教师和护理人员的感恩程度和职业倦怠之间有关联。例如，陈大卫研究了中国香港一群高中教师的感恩性情和职业倦怠之间的关系。研究人员将感恩描述为“性情”，但他们指的是一种人格特征，而不是对某种情况的短期反应，或“条件化的感恩”。

正如我们已经讨论过的，职业倦怠包括三个主要方面：情绪耗竭，去人格化，以及缺乏个人成就感。陈大卫发现，那些天生更懂得感恩的教师不容易有职业倦怠。他发现感恩与情绪耗竭和去人格化之间有很强的负相关性。他发现感恩和个人成就感之间有很强的正相关性。

陈大卫还测试了一种旨在促进教师感恩之情的活动。感恩练习提高了教师对生活的满意度和积极情绪，尤其是性格比较难有感恩之情的教师。这表明，如果教师经常练习感恩，他们可能会提高整体幸福感，防止职业倦怠，特别是那些难以感受到感激之情的人。

当我们为学生树立感恩的榜样时，就会教给他们感恩的态度。学会欣赏可以成为我们课堂上重要的价值观。当我在幼儿园教书时，我们有一个互相分享感激和赞赏的仪式。我把一个粉色的笔记本放在一个心形的篮子里，并称它为“感恩篮”。我鼓励我的学生在篮子里放他们写给彼此的感谢和赞赏的小纸条。有时我会用这个篮子来表达对帮助过我的学生的感谢之情。这个活动启发孩子们思考并相互表示感谢。他们几乎不知道这也是一项写作活动！

练习感恩也可能以重要的方式促进年轻人的成长，鼓励年轻人回馈社会，为世界做出重要贡献。一项涉及700名中学生的研究发现，感恩之情和融入社会相辅相成。换句话说，当一个学生感到感恩时，他或她会因此感到更融入社会，这将带来更大和更频繁的感恩之情。所以，感恩可能有能力启动向上的螺旋发展，从而获得更多的情绪健康和社会健康，促进年轻人的积极发展。

弗洛和他的同事开展了各种活动，来促进儿童和青少年的感恩思维。这些活动可以很容易地融入你的教学中。例如，让你的学生每天写下五件他们感恩的事情。另一个想法是让学生写一封信给一个他们从未真正表达过感恩之情的人，并亲自读给该对象听。

兴趣

当我们以一种感受到安全的状态面对新奇事物，比如少见的或具有挑战性的事物，但又不大会给我们带来威胁时，我们才会对它产生兴趣。兴趣引发了探索和学习的冲动，从而建立终身的技能。不难看出，我们在参与体验式学习时收获的可持续性资源是兴趣。

当我教学前班时，我有一个特殊的天鹅绒袋子，我把与我的课程有关的东西藏在里面，我想把这些东西带给学生看。这个袋子真的很特别：它是由紫色天鹅绒制成的，上面镶有金边。当我把这个特殊的袋子拿出来时，会立即引起他们的兴趣和全部注意力。找到像这样的小方法来激发学生的兴趣，有助于激励学生持续参与学习活动。

兴趣是学习的强大动力，即使任务很困难或艰巨。例如，在我的硕士论文中，我开发了一个儿童早期解剖学课程，并在课堂上进行了测试。我知道很多孩子都喜欢万圣节，所以我决定在10月教孩子们骨骼的解剖学知识。在一家新奇的商店里，我买了两个纸板制成的骷髅装饰品。骨头之间用索环连接。我把一个骨架叠在一块硬纸板上。我把另一个骨架拆开，把碎片放在一个容器里，形成一个拼图。我向孩子们展示了如何匹配这些骨头。孩子们很喜欢这个游戏。他们对这项活动非常感兴趣，要求我教他们骨头的名称。为了学习这些名字，我们玩了“西蒙说”（Simon Says）的游戏（例如，“西蒙说摸摸你的髌骨”），并在“头、肩、膝、趾”的曲调中唱了“头骨、锁骨、髌骨和趾骨”。令我惊讶的是，很快全班同学都记住了主要骨骼的专业名字。如果我没有鼓励和借助他们浓厚的兴趣，我怀疑我是否能如此轻松地教完这么难的材料！

希望

希望是独特的，因为它通常在受到威胁的情况下出现。我们可能害怕最坏的情况，但希望情况有所改善。当我们感到有希望时，我们会运用我们的创造力来扭转局面。这会培养乐观心态和对逆境的适应力。

在当今的课堂上，培养学生的乐观态度至关重要。定期让孩子表达希望，可以防止学生灰心丧气和陷入“习得性无助”。当父母和教师为孩子做得太多时，它会传递一个信息：孩子不能为自己做事情。大多数时候，我们这样做是无意的。我们很着急，等不及米娅穿上鞋子，尽管她可以做到。我们不确定给孩子多少自由，所以我们给了他太多的限制。儿童和青少年需要我们相信他们。他们需要感受到希望，希望自己能够成功并茁壮成长。

儿童和青少年也需要我们向他们传达对当今世界的希望。学生们接触到很多令人沮丧的新闻，如气候变化、战争、暴力和贫困。重要的是，我们要告诉学生，我们相信人类有能力克服这些挑战和威胁。我们表达的希望可能有助于防止学生变得郁闷和不知所措。

自豪

当我们的努力和成果被社会重视和得到认可时，也就是说，当我们完成一个重要的目标时，我们会感到自豪。当我们或学生们感到自豪的时候，我们就会想象我们可能完成的其他更大的目标。这就提升了想实现更大、更好的事情的动力。

当我们培养学生的自豪感时，这有助于激励他们接受新的挑战。我们帮助他们认识到，只要坚持不懈，我们就能完成最困难的任务。我们还帮助学生引发他们内在的自豪感，而不是灌输需要取悦我们并让我们感到自豪的理念。内在的自豪感能够使我们产生强大的力量，从而激励我们去完成伟大的事情，并提升我们的决心和毅力。

教师可以通过表扬和赞赏的表达来培养学生的自豪感。然而，卡罗尔·德韦克（Carol Dweck）发现，我们表达赞美的方式非常重要。很多赞美主要关注智力、天赋或能力等，比如会说：“哇，你真的很聪明！”“你有天赋！”或“你是个好学生！”这对学生来说是有害的，因为它提倡的是固定型思维。这种空洞的赞美传达了这样的信息：诸如智力等特征是固定的，不可改变的。它给人的信号是，孩子需要一直保持聪明、有才华和优秀，这可能导致学生们恐惧失败。因此，当学生完成了一项困难的任务时，一定要认可他们的努力。例如，你可以说："哇，你成功解答了这个问题！我知道这很困难，但你非常努力地做，并成功了！"通过表扬他们的努力，我们在传达这样的信息，即他们可以通过坚持和努力工作完成任何事情。这种类型的表扬培养和塑造了成长型思维，即承认智力和其他特征可以通过有意识的努力而得到提升。

培养并品味积极性

几年前，一个名为"谢谢！"（Merci）的视频在社交媒体上疯传。视频开始时，上班族坐在火车上。他们显得无聊、困倦、多疑或心不在焉。一名登上火车的男子正试图阻止自己发出笑声。过了一会儿，他再也忍不住了，开始笑出声来。起初，其他乘客带着担心环顾四周，但很快他们都和他一起笑了起来。很快，整个铁路车厢的人都在笑。如果你没有看过这段视频，你可以通过搜索"火车上的笑声"（laughter on a train）和"谢谢！"（Merci）来找到这个视频。作为一个实验，看一下这段视频，看看你需要多长时间才笑出声来。

弗雷德里克森和其他研究积极情绪的人发现，在大多数人身上引发他们的积极情绪是相当容易的。保罗·艾克曼发现，感到快乐就像在脸上挂上微笑一样简单。当你用嘴和眼睛周围的微笑肌肉时，无论出于什么原因，都有一种倾向，那就是你感觉更快乐。面带微笑也可以减轻压力。如果你身边的人都很快乐，你很难不加入他们的欢乐行列。幸福确实具有传染性。

这一现象已在几项研究中得到证实。其中有一项研究涉及一个实验，要求参与者用嘴咬住铅笔，这样就需要微笑才能完成任务。参与者被告知，这项研究的目的是，测试那些无法用手的人回答问题的方法。当他们把铅笔含在嘴里时，他们观看了几个视频片段，这些片段是希望引发积极、消极或中性的情绪反应。被随机分配到微笑条件的参与者对积极电影片段的评价比其他条件的参与者更正向。

另一项有趣的研究关注了注射肉毒杆菌的人的情绪反应。肉毒杆菌通过麻痹面部肌肉，使人难以微笑，从而减少皱纹。研究人员将一组接受肉毒杆菌素注射的参与者与接受另一种注射的对照组进行比较，后者可减少皱纹的出现，但不会造成麻痹。两组人在注射前后都观看了情绪激昂的视频片段。与对照组相比，注射肉毒杆菌的人报告说，情绪体验的强度明显下降，特别是对略显积极的视频片段的反应。这些研究证实了艾克曼的假设，即面部表情有助于真实的情绪体验。

想想看，你的笑脸能给你的学生带来多大的变化，让他们喜欢上学校。当你早上问候每个学生时，花点时间与他们分享你的微笑，这可以为一天的情绪定下基调。你也可以注意到并向你的学生指出积极情绪的时刻。例如，你可能正在读一本关于收到惊喜礼物的人物的书。在你继续讲故事之前，你可以停下来问他们：“你认为他收到礼物时的感觉如何？”

你可以通过让你的学生写下他们像主人公一样收到惊喜的礼物或感受到体贴的举动时的感觉，来进一步探讨这些感受。你可以让他们描述所发生的事情，但也要记住他们的感受，并且也要让同学描述这一点。记住一个情绪激动的情况可以重新唤起过往的感觉。

描述美好的感觉也可以帮助我们更好地留意到它们。下一次，我们就可以像慢慢享受一块特别的巧克力一样，品味我们的积极性。下次当你感受到一种积极的情绪时，花点时间真正体验它的各个方面。你有什么感觉？在你身体的哪些部位？你会如何描述这些感觉？注意这种情绪如何改变你的想法和对周围事情的看法。然后，花一些时间来享受这种体验。让美好的感觉传播开来。去品味这种感觉，让它渗透到你的整个生命中。弗雷德里克森发现，我们可以通过定期留意和品味我们的积极情绪来提高我们整体的幸福感。

积极性与课堂气氛

正如我们已经讨论过的，孩子们自然会被积极的情绪所吸引。他们需要积极性，就像他们需要食物和水一样。爱和其他积极的情绪建立了持续一生的重要资源。通过与他们的父母、老师和其他照顾者建立强大的、充满爱的关系，孩子们建立了他们在社会领域中茁壮成长所需的所有重要资源。

支持这一论点的文献非常多，儿童与父母和/或照顾者的安全依恋与执行功能的发展、自我-他人意识、反应能力和自我组织、情感表达和交流及共同关注相关，这为社会认知奠定基础。它还与健康的同伴关系的发展、换位思考和原谅有关。感受到爱和关怀支持儿童的适应力，并保护他们在成长和发展过程中免受心理问题的影响。

依恋理论认为，婴儿需要与至少一个主要照顾者建立安全的关系，以便能成功地进行社交互动和情绪发展。照顾者通常是父母；然而，其他成年人，特别是教师，也可以在某种程度上为儿童的成长和发展充当这一重要的角色。

科学家们将依恋理论应用于师生关系中，证明了教师与学生的支持性关系可以为学生的成功做出重要贡献。事实上，我们教师对学生的社交互动和情绪发展做出了关键而持久的贡献。

我们不断地影响我们的学生，通过我们与之的关系、教学、社交互动和情绪发展概念的方式，以及管理课堂中社交互动和情绪状态的方式。与照顾者真正的支持性关系的特点是信任、回应和参与。当教师给予支持时，他们会为学生提供一种与学校环境的联系感，以及探索新的想法并承担风险的安全感，这两者都是学习的基础。

与学生建立支持性的关系有助于形成健康的学校和课堂氛围，促进学生与学校的联系，以及产生重要的学术和社交情感成果，而且还可以减少问题行为。通过对100多项研究的综合分析，马扎诺、马尔扎诺和皮克林发现，有高质量师生关系的教师在一学年中的出错行为比没有高质量师生关系的教师少31%。

当学生感受到我们的支持时，他们就会表现出更高的兴趣和动力。我们对学生成绩的期望会影响到我们与他们的互动。如果我们期待他们成功，他们就更有可能认为自己是可以成功的人。

对各个年龄段的儿童的研究都表明积极的情绪可以建立孩子们在学校和生命中取得成功所需的智力资源。在一些研究中，科研人员研究积极的状态，发现它们比中性或消极的状态更快引发学习的动力和更好的智力表现。积极的情绪状态也能改善工作记忆，这是一种对学业成功至关重要的大脑功能。

当孩子快乐时，他们更能够成功地进行需要灵活性和整合性的复杂认知功能，如单词联想和记忆、创造力和解决问题的能力。总的来说，涉及儿童的研究表明，积极的情绪有助于记忆、学习与亲社会行为，而消极的情绪则会损害这些功能。

创建和维持积极的课堂氛围

在这一章中，你了解了积极情绪的力量，以及你如何有意识地运用这些情绪来安排学习的最佳条件。这些积极的情绪将帮助你的学生拓宽他们的觉知范围，并建立高效学习最需要的资源。通过运用正念觉察，你可以更清楚地意识到你在课堂上的社交互动和情绪氛围，你可以运用简单的策略来培养积极的动力，从而更好地激发学生的兴趣、注意力和动机。

从有意识地改善你的课堂气氛开始，不时有目的地设定基调。当你开始上课时，花点时间关注你的每个学生，与他们对视，并说出他们的名字。记住对他们来说很重要的细节。注意他们所穿的衣服，如果合适的话，给他们一个赞美。当你这样做时，你会发现你的学生会成为你的盟友。如果有人试图捣乱，他们会发挥他们的同伴压力，帮助你把课堂拉回正轨。

正念技能练习

在前面的章节中，你已经了解了积极性的惊人力量。现在你可以研究产生和维持积极性的方法。你可能会惊讶地发现，有一些非常简单的方法可以培养自己的积极情绪。当你运用正念充分感受你的情绪时，你也将学会留意和品味那些你可能经常忽略掉的积极时刻。通过遵循几个简单的步骤，你可以培养自己“往好的方面看”的思维模式。

产生并品味积极性

当你觉得需要培养积极性时，你可以把注意力集中在一些积极经历的回忆上。作为一个简单的练习，舒适地坐着，回忆你感到非常快乐的时候。很可能你有很多积极的经验可以借鉴，但在这个练习中，尽量只集中在一个经验上（如果什么都想不起来，就想一想你希望发生的能让你感到快乐的事情）。花点时间回忆一下这个经历的细节。你当时在哪里？你和谁在一起？你能回忆起当时的天气吗？声音和气味呢？尽可能多地收集关于这次经历的细节。（如果你在处理想象中的事情，请尽可能多地回忆想象中情况的细节。）

一旦你觉得你有足够的细节来产生对事件的丰富体验，花点时间，想象你正步入这个特定的时间和地点，就像你正在进入一部电影。现在留意你的感觉。你身体的哪个部位感受到快乐？你是否注意到温度或颜色的变化？当你静下心来品味这种快乐的感觉时，看看你是否能强化它。想象一下，你的快乐感觉有一个控制器，把它稍微调高一点。再试着把它调低一点。把转盘调高调低，直到快乐的感觉恰到好处，然后尽情享受快乐。

在你完成后，注意到你所经历的快乐来自你的内心，它并不依赖于任何外在的东西。认识到你有能力在需要的时候产生和享受积极的情绪。在你练习其他积极情绪时，需要的话，你也可以随时融入这种慢慢品味的练习中：感激、平静、兴趣、希望、骄傲、娱乐、激励、敬畏、爱。

积极日记

写日记，记下你每天经历的愉快感受。记录你的积极体验会让你对生活中的美好充满感激和欣赏。当你花时间留意到学生的微笑或家长的善意时，你会开始觉得你的生活充满了祝福。根据你的需要，调整你的日记。例如，如果你注意到你在工作中越来越不顺心，你可以练习感恩，每天你可以花几分钟时间在你的日记中重新思考你感恩的原因。如果你感到沮丧，你可以花时间回忆并写下快乐的时光。

集中注意力

有时我发现我的能量很分散，花几分钟时间让自己集中注意力真的很有帮助。这里有一个简单的技巧，可以聚集你的能量和注意力，帮助你在当下感到更加踏实和集中。站立时，双脚与肩同宽，放松膝盖，不要锁住它们。把你的注意力带到你腹部的一个点上，在你的肚脐下两寸处，身体内一寸左右。这是你身体的实际重心。在大多数武术中，将注意力集中在这个点上都是用来聚集和产生生命力的。花几分钟专注于这一点，感觉到重力将你的身体与大地相连。这是一种练习，你可以在你觉得有需要的时候随时进行。

正念行走

另一种练习正念觉察的方法是将注意力集中在走路的动作上。当你刚开始练习正念行走时，找一个你能舒适地直线行走至少五尺的地方。在你开始行走之前，花几分钟时间，按照上面的方法，集中注意力。当你觉得准备好了，开始慢慢地走，一步一步地走。当你行走时，将你的注意力集中在脚底。注意你的体重从脚跟转移到脚掌。注意脚被抬起来的感觉，以及另一只脚的脚跟在接触地面时开始下一步的感觉。当你继续行走时，将你的注意力集中在你的脚底。如果你的思绪像我们在呼吸觉察练习中那样走神的话，请注意你的思绪已经走神了，并将注意力带回脚底。

在你练习了几次这种正念步行后，你可以开始将步伐速度提高到你平时走路的速度。然而，如果你发现你开始走神，那么就再次放慢速度。找到适合你的配速。随着时间的推移，你可以在日常活动中集中注意力走路。

CHAPTER 5 | 第五章

教学的核心

上一章提到，我们的“秘密武器”是我们温暖、开放的心和我们的关怀。我们自然无法与学生每天源源不断接触到的数字娱乐相竞争，但是，我们也有多媒体无法提供，而孩子却极度渴望的东西：一个关爱的、温暖的成年人的关怀。

你已经学习了如何有意识地觉察自己的想法和感受，从而使自己全身心地关注和关怀学生。你还学习了积极情绪和消极情绪，它们如何影响教学和学习，以及如何利用它们来改善课堂环境和师生关系。在本章中，你将把在本书中学到的所有技能和知识整合起来，并用它们来营造一个温暖的课堂环境。

获得这些知识和掌握这些技能为培养同理心创造了条件。同理心能够帮助你识别他人的痛苦，关注并调节自己的想法和情绪以应对这种痛苦，培养提供帮助的动力和采取明智的行动来帮助减轻痛苦。

正如我们所讨论的，我们有与他人建立联结以获得关心和尊重的需求。这种需求具有很强的进化根源。今天，我们可能不像以前那样需要人际关系来维持身体上的生存，但我们仍然需要它来维持心理上的生存和健康成长。实际上，与他人联结的愿望以及对社会做出贡献的渴望是人多数人类行为的驱动力。

当我单独问候每个学生时，我给他们灌输了一种归属感。它传达的信息是，我关注到了我的学生，并且我很开心和他们在一起。统一的班级仪式可以在一天的开始为学生营造归属感，例如举办晨间分享或晨间会议。我们可以引入简单的正念练习作为日常习惯，帮助学生感受到彼此间的联结，减轻他们从家庭转换到学校的压力，并为他们的身心做好学习的准备。以上的一些活动可以在本章和下一章的末尾找到。

我们可以创造一些机会来激励学生为班级做出贡献，例如为每个学生提供一项班级任务。通过巧妙地提供认可和欣赏，我们能够加强学生们对共同建设一个支持性团体的自豪感和承诺。当我们在学年开始时就建立这种集体意识时，它就能成为加强亲社会行为的工具。

随着觉察意识的提高，我们能够更好地理解学生。我们开始意识到过去曾认为是故意的不当行为可能是痛苦的迹象。也许希拉没能听课是由于她昨晚没有睡觉。她的父母整夜争吵，迫使她忧心忡忡，无法入睡。同理，也许斯蒂芬的暴躁是因为他没有吃早饭。

当我们识别到学生的痛苦、看到他们真正的样子时，我们就能成为一个富有同理心的旁观者。同理心的表达能够建立深厚的人际关系。向我们的学生表达关心并在班级中营造关怀和同理心的氛围，能够显著提高学生的参与度与学习意愿。这并不是说我们放任希拉的注意力不集中和斯蒂芬的易怒，而是我们表示理解并提供支持，不选择评判、批评或单纯忽视。

首先，我们将研究如何关怀自身，这是保持温暖和开放的前提。接下来，我们将探讨如何教授学生关怀和如何加强其关怀行为。我们还将探讨如何增强我们的倾听能力。最后，我们将讨论同理心，以及如何对那些正在经历深刻痛苦和苦难的学生和家庭产生同理心。在本章最后，我们将介绍两个练习以及两个活动，它们有助于你开发和运用这些技能。

自我关怀

每次我们登机时，乘务员都会演示在机舱压力下降时如何戴上氧气面罩。他们会指导“在帮助别人之前，请自己先戴好氧气面罩”。例如在帮助孩子之前，要先确保自己的面罩已经戴好。这是因为如果我们不先照顾好自己，我们可能会在向别人提供帮助之前就因缺氧而昏倒。这一理念适用于所有关怀行为。如果我们不能妥善地关怀自己的需要，我们就很难跟上别人的需要。

我发现关怀自己要比关怀他人困难得多。我经常对自己的需要视而不见，往往忽视自我关怀的重要方面。当我没有很好地关怀自己时，我开始不知所措，还会感到痛苦和怨恨。

正念练习帮助我认清了自己的这种倾向。通过正念，我觉察到自己的惯性反应："没有人感激我为他们做的一切。没有人在乎我。"当我心情不好的时候，我的照顾有一种殉难的性质，这让我很容易陷入内疚和自我责备。而当我意识到自己的做法时，我开始把自我关怀放在首位。现在，当我觉得自己的感受不被关注时，我会问自己："我需要什么？"

这些年来，我发现这种现象并不罕见。这种忽视自我关怀的倾向在教师和其他给予照顾的人中很常见。

当我在正念研讨会上向老师们介绍自我关怀的重要性时，他们通常会说："但我没有时间来照顾自己。"然而，我们必须把自我关怀放在首位，并为自我关怀活动留出时间。在诸多能促进个人成长和发展的活动中，我们要保证它们的平衡。这需要时间、自我觉察意识和练习。而正念可以帮助我们注意到自己什么时候失去了平衡。

我可以在早上第一件事就是拿起智能手机查看电子邮件，或者我也可以用15到20分钟的正念练习来开始一天。有时看邮件会激发一种紧迫感，迫使我想："我今天有太多事情要做了！"但当我选择练习正念时，我能够以平静和专注的心态开始一天的生活。

反思我们是如何利用时间的，用有益的活动取代那些会消耗我们精力的活动，这会很有帮助。

个人的发展中有四个基本方面需要自我关怀：身体、情感、智力和精神。

身体方面指我们的健康。在身体领域关怀自己包括参加体育活动以锻炼身体、增强耐力，也包括确保合理饮食和充足睡眠。在练习正念的过程中，我逐渐意识到饮食很大程度地影响着我的健康。我也意识到在睡眠充足和不足时，身体机能会有很大的差别。通过仔细地监控我的身体和关注我的精力，我可以妥善地照顾自己的健康。

情感方面指情感的健康和幸福。当我们从事促进积极情绪的活动时，我们会在情感上关怀自己。这类活动包括阅读优秀书籍、与朋友一起大笑、参加音乐会或游戏、享受朋友和家人的陪伴等。将正念觉察运用于情感领域有助于识别自己的情感生活何时需要关注。当我们发现自己处于暴躁或低落状态时，可以有意识地进行一些积极的活动，而不是沉溺在坏情绪之中。

智力方面指我们的认知技能、知识和个人兴趣。能够丰富智力生活的活动包括玩拼图和益智游戏、阅读具有智力挑战的书籍以及探索新领域的知识，例如学习一门新语言或参加大学课程以学习新知识。

精神方面指的是我们会接触和联结到比自己更伟大的事物，并因此获得意义感。它不仅包括宗教和精神信仰，还可以作为一种世俗的哲学方法来体验。它赋予我们生活的意义——我们如何概念化自己与更大世界的联系和定位。滋养我们精神生活的活动可以是参加节日活动，也可以是为我们的生活带来意义的任何活动，如在美丽的日落中发现敬畏、阅读鼓舞人心的诗歌或在合唱团中唱歌。练习正念能有效地用世俗的方式促进我们的精神成长。这是因为它能够提供直接的精神体验。

虽然我们在这四个方面都需要自我培养和自我关怀，但每个人都有自己理解和满足这些需要的方式。本章末尾针对自我关怀的自我评估测试将帮助你了解你目前是如何在这四个方面关怀自己的需要并照顾自己的。

完成评估后，请制订自我关怀计划。它能够确保你的需求得到满足。在制订计划时不要太贪心，毕竟一天只有有限的时间。我在设计个人关怀计划时总是过于雄心勃勃和不切实际。例如，我可能决定每天步行3千米去上班，但后来下雨了，我更想开车而不是步行。最终我因为没有遵守承诺、选择放弃而感到糟糕、没有动力。后来我意识到，也许每天步行是不现实的。这个计划的核心是保持活跃，而不是在每天的某个时间步行特定的公里数。

在制订自我关怀计划时，为自己设定一个每日小习惯会很有帮助。比如，我在早上洗澡时，会花一点时间来记住这一天的目标。我认识的一些老师出发上班前会在车里花点时间考虑并制订他们当天的计划。如果你经常乘坐公共交通工具，那么在等地铁或其他车时可以花几分钟进行觉察呼吸，这有利于对自我进行关怀。

我过去常常把半小时的午餐休息都花在办公桌前补课。当我意识到我并没有得到休息时，我为自己培养了新的习惯。天气好时，我会把午餐带到附近的公园，坐在野餐长凳上专心享用。我将正念融入进食，专心品尝每一口食物，细细品味每一种味道。我开始花更多精力在准备午餐上，也更期待每天中午在公园的独处时光。我尽可能多地这样做，这让我下午的授课质量有了显著提高。我不需要下午喝咖啡来度过漫长的一天，连带着我的睡眠也更好了。

关怀的作用

越来越多的研究表明，定期参加关怀和同理心训练可以改善自己的生活。慈心冥想（Loving-kindness and compassion meditation practices，也称为metta）旨在培养我们对他人无条件的关怀和同理心。对这些训练的研究发现，它们增加了积极的情绪状态，减少了消极的情绪状态。

此外，同理心训练可以减轻压力，提高身体的免疫力。脑成像研究发现，它们可以增强大脑与情绪处理和共情相关区域的功能。这些训练已经成功地应用于治疗中，以管理愤怒和减少抑郁、焦虑和婚姻冲突。

关怀练习（传统的metta练习）可以在本章的技能练习板块找到。此练习能够培养关怀自己和他人的感受。当我们产生关心和善意时，我们会感到内心的温暖和开放。这个练习可以帮助我们建立定期照顾他人所需的韧性。我们会习惯于对自己和他人进行关怀和表达善意，并发现这种状态更频繁地出现在我们身上。一段时间后，练习会变得更容易，更愉快，也更有收获。当我们面对难处理的人际关系时，这是一种特别有用的做法，因为它能帮助我们向他人敞开心扉，即使不赞同他们的行为。

温特女士是我的一个正念工作坊的老师，她曾分享过关怀练习如何帮助她克服对一位学生母亲的恐惧。这位母亲由于女儿不及格的成绩一直表示出愤怒和敌意。温特十分担心在即将召开的家长会中要独自面对这位家长。她决定在家长会召开的前一周，尝试以这位母亲为中心进行关怀练习。练习之后，温特发现她的恐惧正在消退。她意识到这位母亲是在担心她的女儿。她的愤怒是这种担心的表达，而不是针对温特。意识到这一点后，温特发现对这位母亲很容易产生关心和善意。

当家长会终于到来时，温特表现得沉着冷静、包容豁达。她认真地倾听那位母亲的话，并对她的倾诉表示理解。这位母亲也很好地回应了温特。她们共同制订了一个计划来帮助她的女儿提高成绩。这个例子证明定期的关怀练习能够提高我们的幸福感，并赋予我们内在的力量和韧性来帮助他人。

关怀的准则

当我们能够很好地关怀自身时，我们就可以专注于如何关怀他人。实际上，每一天，我们都可以而且的确为学生的个人生活和整个社会做出了不可思议的宝贵贡献。我认为秉持这种利他的精神是很重要的。它是我们日复一日工作的动力。它帮助我们保持热情的火花，让我们的心温暖，使我们的思想开放。最终，它防止我们筋疲力尽、变得严厉和愤世嫉俗。

然而，关怀他人可能很困难。如果我们能以教师的身份理解关怀，这一困境可能有所改善。当我刚开始做老师时，我沉浸在理想主义的鼓舞中。我对我的学生有着深切的关心和关怀，并积极致力于尽我最大的努力满足他们的需要。然而，过了一段时间，这种热情开始消退，我发现关怀他人的动力正在被相互冲突的需要消磨：个人与集体的不同需要、个人与他人的不同需要以及个人与社会的不同需要（当然，不是说我和这些需要之间存在冲突）。

作为教师，我们无时无刻不在面对这些相互矛盾的需要。例如：班上的一些学生需要更多的时间来完成某项活动，而其他学生则需要进入下一环节；两个学生争论谁先使用电脑；一名对数学有严重恐惧的学生不敢参加年度标准化考试，而迫于学校的要求，我们无法为她提供她所需要的支持，即无压力的学习机会。

我被这过多的相互冲突的需要所淹没，甚至忘记了自己的需要。随着时间的推移，试图处理这些矛盾让我精疲力竭。回想起来，我意识到自己并不了解关怀的准则。我倾向于完全承担起每一个责任与需求（除了我自己的）。当我不能满足所有这些需要时，我就会感到不知所措、沮丧和气馁。

有时，当我们被学生的需要淹没时，我们可以忽视学生的需要，尤其是当他们的需要与我们有职责满足的社会需要相冲突时。正念可以帮助我们识别什么时候需要忽视学生的需要，并且保持冷静，接受这一现实：作为一个教师，我们如果想要满足职责所承担的社会需要，就注定无法满足所有学生的需要。

关怀他人并不要求我们满足他人的所有需要。斯坦福大学的名誉教授内尔·诺丁斯（Nel Noddings）是一位教育哲学家，他非常重视关怀准则。根据诺丁斯所说，符合关怀准则的做法是不管我们能否满足某个学生的要求，我们都可以选择以有利于与该学生之间关系的方式来进行回应。显然，我们不能满足每个人的需要，但我们可以满足关系的需要。当我们不能满足某个特定的需要时，我们要找到尊重这种需要并有利于这段关系的沟通方式。

举例来说，有时我们的学生会遇到一些问题，导致他们在学校的表现受到干扰。整整一个星期，德里克都带着怒气来上学。每当我和他打招呼时，他都会给我一个不高兴的眼神。他对在午餐或休息时间试图和他说话的同学也充满敌意。到了上数学课的时间，他就坐在作业前，一副闷闷不乐的样子。

“你需要帮助吗？”我问。

“我讨厌数学，我做不出来。”

他说话的时候，我注意到他声音里的痛苦和无奈。我深吸了一口气：“数学是很难。当我心情低落时，我发现它变得尤其难。”

他抬头看着我，脸上带着惊讶，似乎本以为自己会受到批评：“是啊，我想我最近过得不太好。”

我提出在课间休息的时候再和他谈谈。在其他学生离开后，他留在教室里，垂着头，看着自己的脚。

“我们坐下来谈谈吧。”我说。

我怀疑问题的根源来自他的家庭，于是决定从分享我自己的经历开始，希望这能帮助他打开心扉。“在我小时候，当我在家里遇到麻烦时，我就很难在学校保持专注。”

“我的爸爸妈妈要离婚了。”

我沉默地坐了一分钟：“对不起。我知道你一定很难过。”

我们一起静静地坐了一会儿。虽然我无法满足他对一个完整家庭的需要，但我可以满足他对于关怀关系的需要。我能感觉到自己作为一个富有同理心的存在正在安慰他。当我坐下时，我把我的正念觉察带到了这种体验中。我觉察到，我很想告诉他一切都会好起来，或者想办法转移他的注意力，让他不去在意自己的感受。但这样的做法只会让他觉得自己的感情没有被重视。我知道我能为他做的最好的事情就是全身心地陪伴在他身边，并给予他我的关怀。

过了一会儿，我说：“我知道当家里的事情困扰你时，你很难集中精力学习。你需要休息的时候可以告诉我，我可以给你找点别的事做。”

他从没有提出过需要休息。一两天后，他的情绪开始好转，能够更好地专注于学业。我相信，只要有机会分享家里发生的事情，有一个关心他的成年人的倾听和理解，就能帮助他继续前进。

个人需要与机构需要

正念可以帮助我们理清对学生需要的感知。我们大多数人都在努力帮助学生在学业上取得成就，因为这是社会需要，因此也是我们的专业角色所要求的。然而，学术成就并不一定是明确的需要。换句话说，学生和父母可能不会像学校和社会那样把这种需要放在首位。

学校的创建是为了满足社会对受教育公众的需求，而这种需求是基于什么最能为他们的未来做好准备（例如，共同需要）。社会关心儿童的学习。诺丁斯称之为“关爱美德”，因为在我们的文化中，关心儿童的教育是一种美德。然而，这种美德并不需要建立关怀关系。它只承担社会需要的责任，而不需要对个人实际表达的需要持开放态度并做出反应。它传达的信息是：“我们知道什么对你最好，即使你不知道。”

当学生表达的需要与社会需要不一致时，我们可能会犹豫是否回应他们的需要，甚至可能试图说服孩子和他们的父母，使他们相信这样的需要是不合理的。诺丁斯指出，当我们采用这种方式时，我们就无法提供关怀，而最需要关怀关系的学生往往是最痛苦的。

例如，我曾经在加州的一个地区工作，那里有大量的拉丁裔移民，其中大多数来自墨西哥。他们的父母许多都是移民工人，一旦秋末收获季节结束，他们中的许多人就会返回墨西哥与他们的大家族团聚。通常，学生和他们的父母会在11月底或12月初离开学校，因此在寒假前的几周就会缺课。在这种情况下，学生需要与他们的文化和家族保持联系，而这样的需要与定期上学的社会需要存在冲突。

老师和学校的管理人员经常对此表示沮丧和烦恼：“这些孩子这么早就去墨西哥，缺课那么多天，我们怎么能让他们在学业上不掉队呢？”虽然这种态度是可以理解的，但这是对学生需求的忽视，也是对这些为了更好的生活而背井离乡的家庭缺乏理解。很明显，家长们有意识地选择把维持家庭关系的重要性放在学校之上。

学校的工作人员费尽全力说服家长和孩子们：这么早就去墨西哥是不合理的，因为这与学校的出勤需要相冲突。学校看重的是学生的出勤率和学业成绩，而不是他们与祖国和家族的联系。结果，学校和家庭之间产生了冲突，孩子们没有得到他们需要的支持，没办法改善困难的现状。当他们回到学校时，往往感到与老师和同学更加疏远。在这种情况下，在学生缺席课堂时布置更多的家庭作业要比一味抱怨和激化与家长的紧张关系更有帮助。

正念可以帮助我们认识和欣赏他人的价值观和想法。它帮助我们停下评判的倾向，这样我们就能更乐于助人，更关怀他人。我们能够识别学生和家庭实际表达出的需要，而不是执着于看似优先的社会需要。这有助于我们与学生及其家人建立牢固的关系，因为他们知道我们在倾听，我们真正关心和尊重他们的观点。

正念倾听

倾听对于关怀是十分重要的。为了以关怀回应，我们需要保持专注，以开放的心态倾听并接受我们的学生和他们的家庭，这样我们才能理解和共情他们的经历，并认识到他们的需要。我们可以将正念觉察带入倾听的行为中。倾听能帮助我们与他人相处。这就是正念的人际互动层面以及我们在第一章中讲过的觉察之轮上的第八感。

当我们倾听的时候，我们会集中全部注意力，关注我们正在经历的内部和外部体验。我们关注对方说话的声音——声调、音量等。我们关注对方的面部表情。我们倾听他们的话，而不是自行地判断或回应他们。与此同时，我们不加评判地注意到我们的内在经验，注意到我们的思想和感觉。

我们可以在日常中练习正念倾听。这可以通过很简单的事情得到练习，例如花一点时间在一个学生身上投入我们全部的注意力。当学生说话时，我们可以蹲下或俯身去接近他们的身高，与他进行眼神交流。这个行为表明我们关怀学生，认为他们说的话很重要。当我们给予学生充分的、开放的、不带偏见的关注时，我们更有可能听到他们所表达的需要，而不是不自觉地把自己的想法（或社会的想法）强加给学生。

我过去常常认为，关怀他人需要真正解决他们的问题。然而，这种倾向使我脱离了当下。我没有真正地倾听，也没有给予对方全部的注意力，我的想法会徘徊在他们问题的原因和如何解决问题上。我还注意到，这种想要解决别人问题的倾向源于我和一个正在受苦的人在一起时深深的不适感。

被深刻而专注地倾听是一种富有强大力量的体验，这通常也是别人所需要的。回到我在这一章最初讲过的故事，当我在课间休息时邀请德里克和我说话时，我十分专注地倾听他。当德里克告诉我他的父母要离婚时，我注意到他声音和动作中的悲伤。当我表达同情时，我自己也开始感到非常难过。我发现自己倾向于告诉他“一切都会好起来的”，以转移我们两人对这种悲伤的注意力。但当我意识到这是一种轻视时，我选择带着悲伤坐着，直到它消失。然后把我的全部注意力放在他身上，默默地向他表示我的关怀和担忧。

请记住，我们无法总是满足学生的需要，但我们可以用一种有利于关系的方式来回应他们。要做到这一点，正念倾听是其中的关键。这种深入倾听的行为看似简单，却对我们与学生建立关怀关系至关重要。我们不能满足他们所有的需要，但我们可以以开放的心态倾听他们。我们可以真正地听到他们所表达的需要，而不是假设我们知道他们需要什么。随着时间的推移，可能会发现我们可以深入地与他人友好相处，并发现从未想到过的能够帮助他们的方法。

我很幸运曾和一位老师共事。她的兼职是婚姻和家庭咨询师。她真的知道如何倾听，也教会了我关于倾听的力量。她接受的咨询培训使她能够独到但有效地处理和家长的会面。

有一次，一位家长怒气冲冲地来到学校，因为她的女儿和另一个女孩发生了持续的冲突。从这位家长的角度来看，她的女儿不会做错任何事，问题的根源是另一个孩子的不良行为。她来参加会面，显然很生气，准备和老师们“战斗”一番。唐娜，这位老师，意识到了这一点，她在会议开始时就抛出了问题：“在这次会议上你有什么特别想讨论的吗？”这给了那位母亲一个炮轰我们的机会。她说另一个女孩让她的朋友们联合起来对付她的女儿，并问我们为什么不采取措施阻止这一切。她对另一个女孩以及其父母和朋友说了一些非常贬损的话。当这位家长表达这些强烈的感情时，唐娜给了这位母亲全部的注意力。她静静地听着，面部表情表达了她的关切。每隔一段时间，她就会点头说，“我明白了”，或“我知道情况了”。

几分钟后，这位母亲冷静下来，停止了她的长篇大论。有那么一瞬间，空气中弥漫着一种微妙的沉默。这给了唐娜一个机会。她深吸了一口气，平静地说：“作为父母，我们都为孩子担心，希望他们快乐。你的不满我很理解。”母亲点了点头，唐娜问：“你想听听我们在学校所观察到的情况吗？”母亲再次点头后，唐娜解释了两个女孩之间的关系，以及她们对这场冲突负有同样的责任。她们所在的那群女孩也分成两派，分别支持她们。然后唐娜概述了一些我们一直用来提高学生们沟通和合作技能的策略，并向这位母亲解释了她可以如何帮助我们在家里加强这些活动。这位母亲微笑着离开会场，比起之前显然松了一口气。

从这次经历中，我了解到正念倾听能够引导对话变得更加积极。唐娜给了这位母亲全部的、一心一意的关注。这样的做法是有回报的。她与这个家庭保持良好的关系，并让这位母亲参与解决问题的后续计划。

关怀习惯

我们已经探索了关怀的准则和建立基于回应、尊重和倾听的关系的重要性，接下来让我们看看如何创建促进关怀关系的课堂习惯。在我们的课堂上建立关怀管理，能够使关怀成为常态，并为我们的学生养成可以持续一生的习惯。

有一年，我的一个教育专业的学生被分配到陈老师那里实习，她是我见过的最有技巧的老师之一。陈老师的平静和温暖充满了教室，她的学生们也以平静、快乐的投入来回应。当我观察她的课堂时，我注意到她建立了各种各样简单的小习惯。这些小习惯有助于她在课堂上传递温暖。

正如我之前提到的，陈老师也会和每个孩子单独打招呼。然而，与我不同的是，陈女士把这变成了一种艺术形式。她坐在门边，以便与学生的视线齐平。她微笑着看着每个人的眼睛，握着他们的手，然后温暖地和他们问好，例如："早上好，朱莉。我很高兴你今天能来。今天会是特别的一天。"通常她会提到一些个人的细节，比如，"那只新来的小狗怎么样了？"作为回应，她的学生们都十分开心。

问候过后，学生们把自己的东西收好，以完成班级任务开启一天。每个学生都被分配了一个任务，比如检查植物是否需要水、喂鱼或整理书籍。陈老师在分配时，考虑到了每个孩子的知识和技能，确保他们能成功地完成自己的任务。我惊讶地看到22名一年级小学生在书架上掸灰或捡起地板上的铅笔。问候和完成任务的全部过程只花了大约10分钟，但这却让学生们对环境的关怀持续了一整天。

接下来，陈老师开始唱一首简单的歌，表示早会时间到了："来吧，我的朋友们，圆圈时间到了。"当她开始唱歌时，学生们也跟着她一起唱。铺着地毯的地板上曾用胶带做了标记，大家根据标记围成一圈。大家一坐好，她就开始用西班牙语唱起"早上好歌"。每个孩子轮流绕着圆圈，互相看着对方，唱着："早上好呀，你们好吗？"然后，陈老师带着他们进行每天例行的日历查看，介绍当天计划以及一两个小技能。在整个晨会中，她都带着明媚的笑容。

当晨会结束，学生们要开始学习时，她使用"铃铛活动"作为转换期。她指导学生们仔细听铃声。房间里安静了下来，孩子们聚精会神地听着她按铃。铃声渐停以后，她开始低声叫每个孩子的名字，于是他们蹑手蹑脚地走到自己的座位上准备上课。

这一系列简短的活动从一天的开始就带来了深切的关怀。陈老师亲自问候每位学生，表现出对他们的关心。学生们通过整理教室来表达对教室的关怀。他们通过唱早安歌并在这首歌中互相问候来表达他们对彼此的关怀。

请注意，这些习惯需要时间来建立。从那一学年伊始，陈老师就逐一介绍了这些活动，并给学生们时间练习。在学年的前两周，她专注于建立这些关怀习惯，同时开展的学习安排也主要是复习，并不需要太多的指导。她并没有引入太多新内容，直到她觉得这个班级已经"定型"了。她说的"定型"指的是大多数学生知道该做什么，不需要指导来完成早上的惯例活动。在陈老师的精心准备和悉心照顾下，教室里的孩子们获得了安全感。他们知道该期待什么，知道自己会被关心和关怀，知道他们属于一个团体，并知道如何为学校和家庭做出贡献。现在是时候放心学习了。

高年级和中学的老师也可以创造关怀习惯，尽管这些仪式需要重新设计来吸引年龄较大的学生。我曾经观察过一位名叫桑托斯的高中英语老师，他在上课前用了五分钟的签到时间来关心每个学生的现状。他微笑着逐一看着这些学生，全神贯注地关注着他们，然后开始上课：“最近怎么样？有什么新鲜事吗？你觉得这个星期五的比赛怎么样？我们有机会打败另一个队吗？”这个简短的互动传达出他认可并关心学生们的爱好。

桑托斯老师还巧妙地将他的教学内容与学生关心的问题联系起来。例如，在一节关于隐喻的课上，他让学生们说一些他们最喜欢的流行音乐，看看是否能在歌词中找到任何隐喻。然后，他帮助学生们理解隐喻是如何传达意义的，并将歌词与现代社会中青少年关注的问题联系起来。例如，一名学生选择了吉米·佩奇（Jimmy Page）和罗伯特·普朗特（Robert Plant）的歌曲《天国的阶梯》（*Stairway to Heaven*），并将其解释为在一个“所有发光的都是金子”，甚至连“通往天堂的阶梯”都可以用金钱购买而不需要行善的社会中，人们对物质和意义的追求。

这些只是将关怀融入班级日常中的几个简单方法。在你每天的工作中，你可能会发现有其他的机会将关怀引入活动或课程。例如，你可以教你的学生一些表达关心和同情的歌曲，比如比尔·威瑟斯（Bill Withers）的《靠在我肩上》（*Lean on Me*），青春音乐喜剧《欢乐合唱团》（*Glee*）的演员们把这首歌表演得非常精彩。你还可以选择读一本主角十分关心他人的书，并讨论每个被关怀的角色的感受。两个突出的例子是洛伊斯·洛瑞（Lois Lowry）的《赐予者》（*The Giver*）和《数星星》（*Number the Stars*）。

关怀与边界

关怀采取面对面人际接触的形式。当我们看着学生的眼睛时，我们可以看到他们脸上的情绪。我们看到了兴趣的火花、想象的兴奋，以及对于我们会评判他们、不接受他们本来样子的担忧。

如果我们保持开放和温暖的心，尊重我们的学生，并给予他们我们的关怀，他们就会回应。但如果我们的学生遭受过暴力和创伤，可能这一过程需要更长的时间。他们一开始可能不信任我们，也可能会考验我们。处理这些情况的关键是坚持。不要放弃！

这并不意味着可以让他们践踏我们。当我和实习教师一起工作时，我发现有些人希望学生成为他们的朋友，因此不惜一切代价让学生喜欢他们。师生关系不是友谊。这是一种专业的关怀关系，关怀他人是我们工作的一部分。我们的工作是尊重学生，倾听他们的意见，认识和理解他们的需要。然而，正如我们所看到的，我们不能满足每一个学生的每一个需要。为了我们自己的幸福，最好在我们与学生及其家长的关系中保持严格的边界。

关怀的一个重要内容是设定和保护边界。我们可以以一种坚定而友善的方式设定边界，从而帮助我们的学生理解：他们在学校需要好好表现，而我们会在学校帮助他们。这可以以一种理性的方式来完成，不需要严厉或惩罚。我们的学生需要知道：我们尊重他们，关心他们的需要，但我们满足这些需要的责任仅仅来自我们的职业。

例如，我们不能把我们的注意力都集中在某一个学生身上。当我们的学生要求过多的关注时，我们必须设定一个限制，这可以用善意和坚定来做到。我们可以说："我现在不能把注意力放在你身上，因为我正在帮助别人。我很乐意在我力所能及的时候帮助你。但现在请你回到你的座位上，自己想办法解决这个问题。"我们将在下一章探讨针对学生过度关注需求的更具体的策略。

同理心

同理心是一种与他人感同身受的能力。这种能力能够使我们识别到他人的需要，并有驱动力去帮助他们。具有帮助他人的意愿是同情（empathy）与同理心（compassion）的区别所在。有时，当我们对他人感到同情时，强烈的情绪会压倒我们的帮助意愿。如果我失去亲人的学生在哭，而我也开始哭，情绪崩溃，这就帮不上什么忙。为了带着同理心行动，我必须使自己镇定、冷静下来，对情况进行评估。只有这样我才能提供帮助。

同理心可以是普遍的，也可以是有指向性的。我们很容易对那些最亲近的人——我们的“小圈子”（in-group）产生同理心。这是有指向性的同理心。普遍的同理心包括在所有条件下对每个人都采取同理心的行动。这要困难得多。当我们处于压力之下，面对多重的、相互冲突的需求和要求时，保持同理心会变得十分困难。在这种情况下，我们的惯性反应会干扰我们的同理心。正如第三章所解释的，我们的惯性反应会扭曲我们的认知，影响我们的行为。我们可能会把同理对象限制在我们的“小圈子”之中。但作为老师，我们需要意识到自己的这种倾向，并努力克服它。在本节中，我们将研究如何用正念觉察帮助自己。

有时，我们的学生会面临严重的问题，如创伤和暴力。多年前，我就有一个这样的学生，名叫沙恩。沙恩的母亲因乳腺癌处于病危，他20岁的姐姐一直在努力照顾他。但当他的姐姐在努力提供照顾时，姐姐自己也在处理巨大的悲伤，因此没有办法给予沙恩他所需要的支持。

沙恩不知道如何处理自己的感情。他的情绪不稳定，也很难集中精力学习。其他学生知道他的困境，都试图支持他。但有时他的愤怒会爆发，伤害了这些同学。于是，同学们开始疏远他。我也常常束手无措。既要富有同理心地对待沙恩，又要防止他爆发的情绪伤害到其他学生。这十分困难。

那时候，我竭尽所能。然而，从那以后，我学到了一种可能有帮助的方法。这是由琼·哈利法克斯（Joan Halifax）开发的一种同理实践。她是一位禅宗修行者（或教师），是临终关怀领域的领军者。她教给护士和其他护理人员一些流程以帮助他们在压力下表现出同理心。哈利法克斯使用首字母缩写GRACE[①]来命名这个流程。在她的允许下，我将她的五步流程进行了改编，使其适用于教师。

> 第一步：G（Gathering your attention）——集中注意力。暂停一下，集中注意力，关注你的身体、你的呼吸、你的双脚踩在地上的感觉。当你把注意力集中在当下时，你会对自己和学生都更有帮助。你会给人带来一种稳定的、有洞察力的、关怀的新鲜作用。
>
> 第二步：R（Recall your intention）——回忆初心。回想你的初心，即你成为一名教师的理由。正如第一章中所说，回忆初心会帮助你保持行为与价值观的一致，并重新点燃你的动力。你的利他主义动机会激励你以关怀和支持的方式采取行动。
>
> 第三步：A（Attune to yourself, your body, heart and mind, before you attune to those around you）——调和周围的人之前，先调和自己，包括你的身体、心灵和思想，然后再调和你的学生、

① 转载自《护理教育与实践杂志》（*Journal of Nursing Education and Practice*），第4卷，第1期，琼·哈利法克斯（Joan Halifax）。“G.R.A.C.E.对于护士：在护士/患者互动中培养同理心（G.R.A.C.E. For nurses：Cultivating compassion in nurse/patient interactions）”，第121-128页，2014年。经琼·哈利法克斯许可使用。

父母和同事。首先，调和自己让你接触到自己的偏见，以及此刻在你的身体和思想中产生的东西。然后觉察你的学生的感受（同理心）和他或她可能如何看待这个世界（透视）。花点时间关注正在发生的事情。你自行判断的假设通常来自惯性反应——认知偏差会干扰感知所需的能力。你的惯性反应会影响你的看法。在这一步，关键是觉察到这些惯性反应并让它们离开。

第四步：C（Consider what will serve your student or colleagues）——考虑什么有助于你的学生或同事。这可能包括社会需要、环境特征、社会约束、相互冲突的需要以及结果。通过这一步，你会进行辨别以确定什么真正有助于他人。

第五步：E（Enacting and ending）——实践和结束。整个五步流程的目的是以原则、道德、同理心为基础采取行动，是结合或应用同理心来为他人服务。这一步能帮助你得出结论：行为结束了，是时候进入下一个活动了。放下任何挥之不去的感觉，这些感觉可能会让我们无法全身心地投入到下一个情境中。

回到我和沙恩的故事。当时，他对同学表现的攻击性引发了我的愤怒，而我的愤怒情绪使我很难以积极的方式回应。然而，这一次，我遵循了五步流程中的步骤。我花时间停下来，集中注意力，回想起我的利他主义初心。这有助于我冷静下来，并开始与自己调和。我注意到愤怒的感觉，并意识到我的惯性反应和偏见。这种认识为我与沙恩以及其他学生的交流铺平了道路，因为我考虑到了情况中的所有因素。我认识到童年时期的攻击性是一种极度痛苦的表现。这整个五步流程帮助我改变了对沙恩的态度和行为：从评判转变为同理心。

带着同理心行动需要洞察。我仍然需要阻止沙恩的攻击行为，但我可以从共情的角度出发而不是从愤怒的批判出发。通过友好但坚定地制止沙恩的攻击，我传达了我关心他和其他学生的信息。在这样做的过程中，我也为其他学生做出了富有同理心地回应的榜样，这又有助于让他们理解并帮助沙恩。

五步流程可以让我们在与需要同理心的学生互动的过程中放慢脚步，更加地有正念觉察和同理心意识。通过这种方式，我们启动了我们的内部资源，怀揣着同理心行动。通过练习，同理心的体验会变成具体知识。带着同理心行动将成为不会轻易遗忘的技能，就像骑自行车一样。随着经验的积累，我们训练自己的感官知觉，从而能够关注到复杂和快速变化的情况中的微小细节。

正念技能练习

自我关怀评估

我邀请你来探索你现在是如何关怀自己的。想象一个普通的工作日，列出一个日常活动的清单。然后根据你的享受程度以1到4的等级对每项活动进行评分（1=一点也不愉快，4=非常愉快）。接下来，为在活动中对自己或他人的关注程度打分。例如你每天早上花20分钟为家人做早餐。这是一项寻常的活动，但是你很享受为妻子和孩子做点什么的感觉，所以你在“享受程度”一栏打3分。这个活动是完全专注于他人的，所以你将“0%/100%”填入“自我/他人”一列。

所用时间	工作日日常活动	享受程度	自我 / 他人

计算你在一个典型的工作日中用在自己身上的享受的总时间：______小时。

培养活动自我评估

在这一部分中，你会发现你正在做的事情是为了培养你的幸福感。在“我现在做的事”一栏，写下所有你能想到的、你真正喜欢的、你现在正在做的活动。例如，你可能喜欢做按摩、在健身房锻炼、打网球、读小说或者只是在树林里散步。接下来，想想这些活动是如何支持你个人成长和发展的四个维度（身体、情感、智力和精神）中的一个或多个维度的。

促进身体发育的活动包括锻炼、放松和按摩。促进情感发展的活动包括与他人一起做让你快乐的有趣的事情，比如与朋友参加聚会、看一场励志电影或者只是与家人一起吃饭。促进智力发展的活动可以是读报、读益智的杂志或图书、参加课程或与同事进行智力讨论。促进精神发展的活动可以是给你的生活赋予意义的活动、帮助你联结到比你自己更伟大事物的活动和给你的精神赋予意义的活动。这些活动可以是读一首励志诗或练习正念。

接下来想想你现在没有在做但想做的事情。再次考虑这些活动如何支持你的四个维度。这将会是你的自我关怀计划。

我现在做的事情：

身体	情感	智力	精神	内心世界（Inner life）

自我关怀计划：

身体	情感	智力	精神	内心世界（Inner life）

关怀练习

关怀练习（巴利语的“metta”或梵文中的“maitre”，意思是“慈心”）能够培养对自己和他人的关怀和联系感。在这个练习中，你将首先对自己、他人和所有众生表达“幸福、快乐和平静”的愿望，从而形成对自己和他人的关怀和善意。关怀练习的最终目标是在你自己的内在产生普遍的同理心：希望所有人都幸福、快乐与平静。为了全面探索慈心冥想的哲学和实践，我推荐莎朗·莎兹伯格的书《慈心：革命性的幸福艺术》（*Loving-kindness：The Revolutionary Art of Happiness*）。

在练习开始时，最好花几分钟来集中注意力，正如你在第一章中学到的那样。在集中注意力时，你主要关注呼吸的体验。集中注意力在呼吸这一简单、普通的体验上，关注空气进入和离开身体时呼吸的感觉。一旦你的心安定下来，感到放松和安定，你就可以把注意力转移到练习的关怀部分。

这个练习的每一步都只需几分钟就可以完成，但也可以根据你的需要花更多的时间。因此，整个练习可能需要10分钟到一个小时。在你熟悉练习的步骤后，请找到最适合自己情况的时间安排。

自我关怀

慈心冥想始于自我关怀。有时候，爱任何人似乎都比爱自己更容易。但是，正如你在本章中已经学到的那样，照顾好自己是一切的前提。因此，首先要允许自己接受来自自身的无条件的爱和感情。

在你的思想安定下来之后，缓缓地把注意力转向你自己。默默地对自己重复："愿我享受幸福、快乐与平静。愿我享受幸福、快乐与平静。"如果觉得对自己说这句话很尴尬，你可以选择其他更适合你的话，或者简单地产生并给自己提供幸福、快乐和平静的感觉，而无需言语。以任何你觉得最好的方式向自己提供这种无条件的爱和关怀。

正如你在第四章中学到的，当你感受到爱时，你会敞开心扉，乐于交谈，感到自己与他人和众生相互联系。你会获得完整感和力量感。品尝这种感觉，就好像你在喝美酒或吃美食一样。如果你发现自己陷入了自我怀疑、恐惧或愤怒，看看你是否能想象它们只是路过的乌云。它们并不会长久存在；随着时间的流逝，温暖的阳光将再次照耀。

关怀所爱的人

当你完成了练习的第一步，花了一些时间在关怀自己上时，你就可以转移到下一步。选择一个亲近的人，将自己的觉察带入他或她的身上，并提供无条件的爱和关怀。你可以默默重复："愿你享受幸福、快乐与平静。"同样，如果你愿意，也可以更改措辞或直接表达对这个亲爱的人的深切关怀。请注意你的思绪是否走神。因为想象亲近的人可能会勾起对未来的计划和对过去的回忆。如果发生这种情况，轻轻地引导你的思想回到愿望上，"愿你享受幸福、快乐与平静"。

关怀中立的他人

现在你已准备好按顺序完成整个练习。首先花几分钟专注于自我关怀，然后是亲近的人。接下来想象另一个人。这一次，选择一个情绪中立的人。换句话说，这应该是你认识的人，但你对他没有强烈的积极或消极感觉。可能是你经常见到的人——杂货店的店员、邮递员、你的邻居。一旦你确定了一个人并想到了他或她，就像你为自己和亲近的人所做的那样提供关怀。当你想象这个人时，默默地对自己说，"愿你享受幸福、快乐与平静"，或者只是专注于对他或她的无条件关怀。

这种练习扩展了你关怀他人的能力。正如你在本章的同理心部分所学到的，我们对亲近的人更容易感到关心和共情，而关怀关系不那么亲密的人更具挑战性。你可能会发现你的思想试图回到亲近的人身上。当这种情况发生时，只需注意你的倾向，并轻轻地把你的注意力带回为情绪中立的人提供关怀。

关怀难相处的他人

关怀练习的下一步可能有些挑战性。这一步涉及为相处困难的人提供同样的无条件关怀。这可能是一个引发负面情绪（例如恐惧或烦恼）的人。你可能觉得他们的行为难以处理或令人费解。这个人可能是同事、家长，或者你的学生之一。他甚至可能是家庭成员。

首先，选择一个只有轻微挑战性的人，而不是一个你对他有非常强烈的负面情绪的人。这些强烈的感觉会使这个练习变得非常困难。理想的做法是从不太具有挑战性的人开始练习。给予这个人与你对待其他人一样的友好和关怀，默默地对自己说，“愿你享受幸福、快乐与平静”，或者只是感受到对这个人的关怀。

这部分练习需要时间。重要的是要对自己温柔。记住赖克（Rilke）说过的话：“也许我们生命中的所有人都是公主，她们只等着我们用勇气行动一次。也许一切让我们害怕的东西，就其最深刻的本质而言，都是我们想要爱但无法爱的东西。”

如果你发现这一步很困难，这种感觉其实很常见。你可能会出现消极的想法和感受，因此很难对这个人给予关怀。不要对自己太苛刻，接受这本身就是很困难的一步。休息一下，回到这个练习的第一步，把爱和关怀引导到自己身上。你可以花几分钟，直到你感觉好些，然后再回到这个练习上。

有许多在售的音频能够引导你进行关怀练习（慈心冥想或 metta）。这些音频可能对你的练习很有帮助。

儿童采访[1]

有时，你的班级中可能有你无法理解的学生。他们的行为可能很难处理或令你困惑。也有可能你们不知为何就是合不来。本练习旨在创造一个机会，让你以不具威胁性的方式与一名学生建立深入联系。

找一个与这个学生单独交谈方便的时间。告诉学生你想更多地了解他或她，想问一些问题。稍后安排一个不会被打扰的时间。在你采访他或她之前，以这个学生为中心做一些关怀练习。

在采访开始前，深吸一口气，让自己集中注意力，聚集你的觉察。与你在关怀练习中产生的感觉联系起来。记得默默向这个学生提供你的关怀（“愿你享受幸福、快乐与平静”）。你可以用任何自然的方式做到这一点。它只需要一秒钟，在开始前的一个短暂的空隙就能完成。

与学生进行眼神交流，然后开始询问有关他或她生活的适龄问题。即使有些你已经知道答案的问题也可以提出。这些信息不是采访的重点（尽管你可能会了解到让你惊讶的东西），而是创造一个安全的机会来展示你对学生生活的关心和兴趣。

例如，你可以询问：

- “你在平常的休息时间都喜欢做些什么？”
- “你家里都有哪些人？和我讲讲他们的故事吧。”
- “你会演奏乐器吗？”
- “你最喜欢什么电视节目（或音乐、运动）？”
- “对你来说最重要的是什么？”
- “你最喜欢谁？为什么？”

以上只是几个例子。你可以根据学生特点设计相应的问题。你还可以

① 本练习改编自汤姆·彼得森（Tom Peterson）的设计，经许可后使用。

对某一个问题进行延伸，引导学生与你交谈和互动。例如，如果学生说他有一个哥哥，你可以说："我也有哥哥。你哥哥比你大多少？"

在一张纸上仔细记录学生的答案。这表明他或她的答案对你来说很重要也很有意义。在采访完成后，感谢学生与你分享。在接下来的几周里，请注意你与该学生的关系是否有任何变化。

CHAPTER 6 | 第六章

管理课堂动态

教学的要求可能让我们很难专注于现在的课堂。我们很容易沉浸在对未来的担忧中，即使是几分钟或几小时后要发生的事情。然而这样一来，我们就有可能错过当下正发生的要事。

当我教书的时候，我有时会注意到我太过专注思考我需要做什么以及如何去做，但忽略了当下正在发生的事情。就好像我随着思绪飘离了教室，变成了一个“做事的机器”，而不是真正的“人”。

白天上课的时候，对课程的想法、担忧和计划都在脑中浮现。我对事情应该如何发展有自己的期待，也总是执着于此，但却忽视且不愿接受实际的情况。在这种情况下，几乎任何可能发生的事情都与我设想中的走向不符。这不仅对我造成了困扰，还扰乱了我的情绪。不稳定的情绪状态反过来又影响我的看法，使得我对可能扰乱课堂的因素更加敏感，且更容易受到惯性反应的影响。

这种状态下，我可能会认为学生出于自我调节的正常行为是蓄意的且是对教学计划具有破坏性的。如此看待事情的倾向削弱了我有效管理课堂的能力，让我很容易发脾气，甚至说些只会雪上加霜的话。

但当我们专注于呼吸、行走、想法、惯性反应、情感体验和身体感觉时，练习正念可以帮助我们回到当下。在前面的内容中，我们着重了解了如何自我调节，并探索了如何将正念觉察应用到我们的情绪体验中，这样我们就能对自己的情绪和情绪模式有所了解，进而能主动调节我们的行为方式并以理想的方式做出反应，而非背道而驰。

我们还研究了如何通过练习正念来磨炼我们集中注意力的技能，这有助于我们更加了解内部和外部的现象。正念帮助我们关注到学生姿势的细微变化，让我们能够注意到其沮丧的心情并予以帮助。它能够辅助我们意识到何时为“可教之时”以便优化教学。

本章我们将进一步探讨正念如何帮助我们专注当下，从而能更好地管理课堂。正念培养的自我管理技能（self-management skills）增强了我们创造和维持引人入胜且有效的学习环境的能力，同时也增强了我们的适应能力以防止倦怠。

正念帮助我们进一步了解了课堂动态中的社会性和情感性，以及我们的自身行为，以便能够更好地回应单个学生的需要，促进学生与学校间的联系，管控各类摩擦，防止不当行为出现并对有慢性情绪问题和行为问题的学生采取有效的干预措施。

一旦定期练习正念一段时间并达到一定程度的自我情绪和注意力控制能力，我们便能够注意到课堂氛围的微妙变化。即便遇到曾经激怒我们的问题，我们也能更好管理自身情绪，客观看待问题。

随着情绪管理能力的提升，我们与学生的关系就会变得更加融洽，师生关系也会改善，并且能让我们处理伴随深度、寓教于乐的学习而来的混乱情形和复杂问题。信任会取代紧张，且当孩子们感到被信任时，他们会更勇于冒险、探索未知——这也是学习的基础。

课堂动态

许多老师都错误地认为我们可以且必须控制学生的行为，这种想法也是师生权力斗争的铺垫。可现实情况是我们做不到。试图控制他们的做法往往会适得其反，费尽力气的结果往往是无效且沮丧的。虽然无法控制学生的行为，但我们可以控制无数能够有效创造并维持学习环境的周遭因素。

我们可以控制自己，包括与学生交流的方式、内容、我们的行为方式以及我们在空间中的位置。我们还可以设定并强化课堂期待与限制，因为大多数情况下我们对客观环境、活动的顺序和时间，以及我们在两项活动间的转换方式都有一定程度的控制能力。这些元素都是动态的，老师的讲话方式可以是柔和、平静的，也可以是聒噪、刺耳的。行动上可快可慢，可以站着，坐在椅子上，甚至是坐在地上。教室布置上可明可暗，也可以自行选择是紧凑还是宽敞。

我喜欢以管弦乐的形式来排布这些元素，就像作曲家巧妙地将声音元素及其动态特性结合起来，创造出我们称之为音乐的美妙声音。当我们注意到课堂中的元素时，我们可以像作曲家一样控制，编排它们来创造最佳的学习条件。通过这种课堂管理方法，我们就能将注意力从控制转移到学习上。这一切的目标是创造并维持最佳的学习条件，当干扰产生时，我们会花时间仔细观察、调整课堂元素及其动态，而不是被动地试图控制学生。

举个极其简单的例子：布朗老师在他的幼儿园课堂上遇到了问题。他告诉我："即使我和孩子们一起定下了教室内不能跑步的规矩，并且在不停反复地提醒他们这件事，但这毫无效果。他们就是不听，在那跑来跑去。"他显然很沮丧。然而，只需要观察他的班级几分钟就可以看出需要改变的地方。布朗老师教室布置的方式明显形成了两条"跑道"，年幼的孩子天生喜欢在空旷的地方奔跑。他的学生并非故意做出不当行为，而只是对开放空间做出天生冲动的反应。我建议他移一些桌子来挡住这些"跑道"。后来我访问时，他告诉我课堂状况已发生了巨大改变："他们不再乱跑了！这样的做法真的让每个学生都更加专注，也让我轻松了许多。"

情绪状态

情绪状态是另一个我们可控的重要因素。正如我们在第二章中所探讨的，儿童天生就有一种强烈追随成人情绪引导的倾向：大人的喜怒哀乐很可能会导致学生出现类似的情绪。正念可以帮助我们更加了解自己的情绪状态，以及它如何影响课堂的情绪状态。

减少噪声

当我们希望学生做某件事时，直接模仿我们预想中的方式是最有效的。我曾听到老师大喊："安静！"但却不知道为什么他们的学生没有反应。让嘈杂的教室安静下来的一种有效方式是"蒙台梭利法"，也就是在黑板上写下"安静"。在年初我和学生讨论行为期待和指导方针时，我会告诉他们："在学习中保持安静很重要，因为这样我们才能思考。如果教室里开始变得太吵，我会在黑板上写上'安静'，提醒大家保持安静。"然后我会向他们展示"安静"一词的写法，我会说："如果你认为教室里变得太吵了，你也可以这样做。这是一张写着'安静'一词的卡片，如果你不知道如何拼写，你可以把它抄下来。"

我运用正念觉察班级的噪声水平，发现这种方法在噪声刚刚开始增大时使用效果最好。这种情况下，我的学生们还足够专注，他们能注意到我在做什么，随后能很快安定下来，重新专注于他们的工作。如果我等太久才使用这个方法，学生们就无法注意到我的行为，因为他们已经被噪声分散了注意力。这时，我经常会走到几个学生面前，安静地指出我在黑板上写了"安静"。他们最终会安静下来，但通常需要更长的时间。

有时，一个学生会觉得教室的噪声使他或她很难集中注意力，因此会在黑板上写下"安静"。其他同学都很尊重这种行为，并以保持安静的方式回应。学生们很高兴有机会表达他们的需求，并让课堂做出适当的回应。这种简单的方法既能促进学生的自主和独立意识，同时也为合作创造了机会。

许多教师用举手示意安静。老师们告诉学生：当老师举手时，每个人都要安静下来，全神贯注地听我说话。学生们应该在看到老师举起手时也举起自己的手，这样“安静”的信号就会传递给每个人，即使当时有其他同学没有在看老师。

安排学生与布局

我们可以控制的另一个动态是课桌的布局以及每个学生的座位。过度拥挤会造成情绪上的不适。有些学生对拥挤特别敏感，需要比其他人多一点的空间。有些学生与朋友相处得很好，有些则不那么融洽。当我们在学生学习时运用正念对他们加以觉察，我们就能发现需要改变的微妙迹象。

我很快注意到一个男孩，他应该被移到教室更前面的位置以便我更密切地监控他的行为。我还发现两个女孩，她们不停地聊天以至于影响了学习，因此应该分开坐。我可能需要一些时间来发现应调整的地方，但最终我可以将每个人都安排在最有利于他们学习的位置。

过渡期

过渡期可能充满挑战。要让一大群学生从一项活动过渡到另一项活动是很困难的，尤其是被铃声突然粗鲁地打断学习的时候。一个25人的班级正在安静地专注于他们的工作，铃声突然响起！紧迫感油然而生！班级里的学生就像一群狂奔的大象，他们开始奔向门口，身体相撞，书掉在地上，气氛剑拔弩张。

这样的情况对于有自我调节问题的学生或遭受过创伤或暴力的学生来说尤其困难。虽然每个人都会在这种混乱中感受到不安和胁迫，但这些学生的感受更为强烈，并且倾向于做出攻击性的反应。

有些学生在过渡期会尤其痛苦。他们单纯不喜欢改变正在做的事情。这些学生通常会全神贯注于单独一项活动。对他们来说，被过渡期打断是一种侮辱。他们在过渡期间需要额外的支持以帮助他们将注意力从一项活动转移到另一项活动。

我发现对时间加以正念觉察很有帮助，它能帮我为过渡期做好准备。我可以把智能手机上的闹钟调到过渡期前12分钟左右，从而提前开始准备。当它响起时，我开始扫视教室观察现状。我会花一些时间将意识集中，全神贯注地觉察当下。（这个做法的具体描述可以在本章末尾正念技能练习下的“练习心在当下”板块中找到。）

我在正念觉察时会先关注教室的整体状态，然后专注于可能需要我关注的特定学生：谁开始坐立不安了？谁正完全专注于他的工作？有人感到沮丧吗？然后我在黑板上写下：“即将到来：午餐。”接下来，我和每一个在过渡期方面有困难的学生产生联结。我轻轻地拍拍他们每个人的肩膀，指着黑板上的信息。这是一种无声的方式，可以帮助他们在精神和情绪上为活动的变化做好准备。

最后，我会播放一些舒缓的音乐，学生们知道这意味着过渡期即将到来。很快，房间里的活动开始发生变化。学生们完成他们手头的工作，开始收拾东西。当铃声响起时，每个人都已经为过渡期做好了准备。我们曾练习过排队和集体移动，因此他们都知道什么时候该排队，没有疯狂地冲向门口。

正念沟通

和许多新老师一样，我第一年的教学时光充满挑战。我不知道如何让学生专心听我讲课，回应我的指示，好好表现。我想：如果我对我的学生好，他们就会喜欢我，想让我开心，并自发地做我想让他们做的事。然而，很多时候，我的学生似乎为所欲为，完全无视我的指示。日复一日中，我感到越来越挫败，也变得越来越不耐烦。当学生“不听话”时，我就会大发雷霆。

有一天，一位主管来视察我的教学以评估我作为新老师的进步。课后，她给了我一些重要的反馈：“你有没有意识到，在你给学生的每一个指示之后，你都会说‘好吗？’。例如在刚刚的课上，你说，‘现在该做数学题了，好吗？’这样的说法传达给学生的信息是：做数学题是一个可选活动。他们不明白为什么当他们没有回应你做数学题的邀请时，你会感到沮丧。你放弃了你的权力。”

这则反馈让我大吃一惊。我惊诧于我竟不知道自己曾说过什么。我不知道自己习惯性地以这种表达结束对学生的指示。难怪他们反应如此迟钝！每一次引导他们注意力的尝试，都被我在无意中破坏了。我没有给我的学生清晰、简单的信息来传达他们应该做什么。“好吗？”传达的意思是，我的学生可以选择对我说不。

主管来访后，我开始监督自己改掉这个坏习惯。起初，我发现这几乎是不可能的。在事后我总会听到自己说“好吗？”；但在事前，我很难在这句话溜出去之前停住。然而几个星期的不懈努力后，我逐渐能克制这个坏习惯了。我注意到学生的行为和反应能力立即得到了改善。这是我第一次真正明白，如果我要成为一名成功的教师，就需要培养更强大的自我觉察能力。

这个经历让我明白对学生的表达内容以及表达方法的重要性。这是运用正念觉察控制课题的关键之一。然而很多时候，我会发现自己处于惯性反应中，完全意识不到自己正在说什么，以及说话的语气、音量和节奏。

当我开始管理教师并有机会定期观察其他老师的课堂时，我发现被动地期待学生服从“建议”的倾向并不少见。我也开始注意到其他功能失调的沟通模式。通常，这些模式植根于惯性反应。例如，我的“好吗？”模式背后的错误惯性反应是：如果我很好，我的学生就会喜欢我，因此会配合我的建议。

另一种常见的做法来自另一种错误的惯性反应：“我必须始终保持对课堂的完全控制。”当学生的行为不符合预期时，由此惯性反应驱动的教师可能会诉诸胁迫和威胁。

例如，当莫斯利老师的班级在过渡期间开始吵闹时，她感到十分沮丧。她要求：“我希望你们现在都安静下来，这样我们就可以排队去上音乐课了！”当他们不理她时，她说：“不要惹我生气，否则你会后悔的！”她的威胁方式使她的学生处于守势。有些人会出于恐惧或取悦的愿望而服从。然而，其他人出于蔑视或对权力的渴望而忽视或拒绝服从她。无论哪种情况，她的功能失调模式都会干扰学习环境，因为她也放弃了自己的权力。当她说“不要惹我生气”时，她告诉她的学生他们可以控制她。当我们陷入这种模式时，一些孩子会测试极限，看看谁真正拥有控制权。这往往会引发权力斗争。

有时，我们可能会发现自己陷入了无效模式的组合。我们从被动要求的行为模式开始，当学生不遵守时，我们会感到沮丧并进入控制模式。这给了我们的学生一个非常令人困惑的信息。

例如，假设塞西莉亚还没有完成她的数学作业。她一直在作业的空白处心不在焉地涂鸦。“让我们完成我们的数学作业，好吗？”我甜甜地说。她不理我，继续涂鸦。“咱们现在就结束吧，好吗？你不想错过课间休息，是吗？”塞西莉亚还是不理我。我又提醒了她两次，但很快我的甜蜜就变味了，厉声说：“塞西莉亚，现在完成这个数学作业！”

塞西莉亚挑衅道：“不，我讨厌数学。再说了，我也不在乎能不能课间休息！”

显然，我没有意识到我的第一次沟通给塞西莉亚的印象是她在这件事上有选择。她不理我，因为她认为我的提议不需要回应，并认为如果她愿意，她有权继续涂鸦。我没有传达明确的信息：“塞西莉亚，现在完成你的数学作业。”而之后，我不断增加的挫败感和控制反应只会引发她的反抗。

想象一下自己在一个休息日，正坐在餐厅里全神贯注于一本引人入胜的小说。一位同事没有特指地说：“我们出去喝杯咖啡，好吗？”你继续读你的书。你选择忽略他，因为你认为他在向所有人提出一个广泛的邀请，而你正在阅读一个特别刺激的部分，不想被打断。很快，你的同事开始言辞激烈地对你大喊大叫：“现在跟我来喝咖啡！别惹我生气！”你会有什么感觉？困惑？挑衅？愤怒？这就是我们的学生在我们没有明确表达期待时的感受。

通常，我们的学生会面临潜在的困境。这些不明显的困境使遵守我们的要求变得困难甚至不可能。当我试图让塞西莉亚完成她的数学作业时，我的心思全部用在让她“好好听话”，以至于我没有考虑到她可能在数学题上遇到了困难。当我更了解她时，我知道她越来越讨厌数学是因为她搬了很多次家，错过了很多课程。她的父母是移民工人，经常搬家，并会在圣诞节假期前后返回墨西哥很长一段时间，这也导致了长时间的课堂缺席。

当她在我的班上时，她已经落后了。我期待她完成的数学作业对她来说太困难了。难怪她会有如此多的敌意！如果我更了解她的需求，就可以更体贴地提出期待：“塞西莉亚，我注意到你还没有完成数学作业。你需要一些帮助吗？”

建立学生团体

正如我们在第五章中所讨论的，我们的学生有属于一个团体并为该集体做贡献的基本需求。通过示范关怀和其他亲社会行为，建立关怀习惯和认真倾听学生的意见，我们可以在班级里培养一种团体意识。练习正念能帮助我们保持开放的心态，接受学习机会，促进团体建设。

当团体需求得到满足时，学生能够与老师、班级和学校建立联结，他们会倾向于按照团体的价值观行事，减少对成人干预的需求。他们会更乐意合作，乐于助人，关心他人，破坏性行为也会更少。

通过为学生提供相互合作和帮助的机会，我们可以培养学生团体。当我们注意到个别学生的优势、劣势、需求和兴趣时，我们可以设计出促进合作和乐于助人的学习活动。

例如，高中英语教师雅各布斯先生将短篇故事分配给不同的学生小组，鼓励他们合作分析。他创建了多元学习小组。每个小组的成员都拥有不同技能、能力和兴趣。他知道让能力相似的学生在一个小组中合作会对低水平学生的动机和学习产生负面影响。

为了鼓励参与，每个学生都被赋予了一项特定的任务。小组中一名学生研究书中的每个角色并为他们分别写下简短的描述；一个负责整理剧情；一个负责说明故事；另一个负责构建词汇表。完成分析后，每个小组一起向全班展示他们的成果，每个学生都可以发挥作用。

小组协作学习使学生有机会帮助他人，同时考虑他人的经历和需求。

这促进了同理心的培养和换位思考能力的增强。教师创建具有不同技能和能力的学生小组，使学生有机会以各种方式为团体做出贡献。

在这个例子中，阅读能力较弱但艺术能力强的学生被分配绘制插图的任务。一名学生绘制了精妙绝伦、令人赞叹的图画来说明她的故事。其他学生认识到她的贡献的突出价值，希望他们下次能和她被分配到一个小组。

在学生中建立团体的另一种方法是通过联合服务学习项目。有一年，我的四年级学生对回收利用非常感兴趣。我们实地考察了回收中心，了解了各种材料的回收方式。我的班级对帮助促进我们镇上的路边回收计划非常感兴趣。我们在此投入了很多时间。

我们共同决定在当年的地球日举办一个回收博览会。我们在市政厅旁边的公园里设置了博览会的展位。学生们制作并布置了呼吁路边回收的横幅，并向感兴趣的路过居民介绍相关信息。那一年，市议会投票决定在全市范围内启动路边回收。我的学生很兴奋。他们感到非常自豪，因为他们一起为团体做出了宝贵的贡献。

建立良好关系

关于课堂管理的研究表明了师生关系的重要性。我们可以建立良好的管理系统，为学生提供指导、建立约束，但如果我们的学生不信任和尊重我们（或认为我们不尊重他们），我们的管理将面临挑战。

当你问人们为什么老师改变了他们的生活时，典型的回答是老师看到了他们的本质并关心他们。在短时间内全神贯注地关注每个学生，即使是课堂上很短的时间，也会给他或她“我关注你”的信息。在这些时刻，我们与学生建立了联结。通过这些珍贵的时刻，他们能知道我们视他们为独特的个体，重视他们个人——他们不仅仅是茫茫人海中的一个。

最简单可见的教学目标似乎是鼓励学术成就，因此我们自然倾向于向学生发出信号，表明我们重视学业上的成就。教学生是我们的工作，我们希望他们成功。然而，并非所有学生都是成绩优异的学生。我们也需要表示我们重视学生所表现出的非学术属性，例如乐于助人、友好、创造力、解决问题和解决冲突的能力。

参考这个案例：当布莱克老师开始练习和应用正念时，她开始更密切地关注那些平常学业成绩不高的学生。随着她在课堂上觉察水平的提高，她发现，当一些学生在作业和考试中表现良好时，她会给予他们过多的表扬。但除去学术，她忽略了学生的其他成就。

有一天，她注意到一个名叫梅甘的学生在一个艺术项目结束后在教室里捡纸片。梅甘是一个安静的女孩，平常她的学术成绩并不是很高。但布莱克老师现在意识到梅甘经常以这种方式提供帮助，并特别承认了她对学校这个大家庭的宝贵贡献："梅甘，你真是保持教室秩序的好帮手。我非常感谢你的帮助！"梅甘笑了。布莱克老师注意到，此后其他孩子开始帮梅甘一起打扫教室。

规则和秩序

第五章中提到的陈老师用学期初的几周通过建立关怀习惯来建立团体。这个过程涉及引入规则和秩序。第一天，她让全班同学讨论了学校的期待：尊重、负责、安全，准备好学习。她举例说明了期待的行为。例如，她会说："我们在大厅里安静地走路，不要讲话，大家一起走，走成一条直线，双手放在身体两侧。当我们这样做时，我们尊重其他教室里正在学习的学生。小心不要撞到别人，这样大家都会安全。"

请注意，她仔细地勾勒出了这个期待的所有细节：安静地走，不说话，一起走，走一条直线，手放在身体两侧。我们常常认为孩子应该知道该做什么，当他们不知道时，我们就会生气。然而，并不是所有的孩子都知道或记得我们对他们的期待，所以我们需要具体说明。它还有助于实践每种行为期待，使学生做到具体的行为并养成习惯。在学年开始的时候，陈女士让她的学生按照她的期待排好队，练习走路。

期待的种类最好比较简单，并用积极的方式进行表达。在陈女士的学校里，所有期待的行为都可以被归类为尊重、负责、安全或为学习做准备。当一个学生没有完成任务或做错事时，错误的行为很容易就会指向期待。例如，当乔纳靠着椅子向后仰时，陈女士可能会说："乔纳，向后翘椅子很不安全。我希望你能安全，坐好，不要翘椅子。"

规则和程序的教授和实践是建立秩序的关键。然而，我们加强这些规则和程序的方式更为重要。前后最好能保持一致。这可能需要在开始时进行大量提醒和调整，也需要老师保持高度警惕。

我们需要正念觉察学生正在做什么以及我们对此的回应。如果我们注意到他们需要提醒，那就需要以一种冷静而坚定的方式坚持这样做。几周后，这些规则和秩序就成了例行公事。如果我们不注意正在发生的事情，就可能看不到学生没有正确遵循秩序，并错过提醒他们的机会。另一方面，我们也可能错过表扬学生的正确行为的机会。

精心准备和持续强化可以帮助我们避免消极的倾向，即为应对问题制定规则和结果。例如，假设弗朗西斯女士在过渡期后很难让她的四年级班级回来上课。她站在门外喊道："三班，该进来了！"但是没有人理她。她只好在操场上走来走去，把学生们围在一起。而有些学生在排队时十分不耐烦。等到所有人都在排队的时候，他们已经浪费了下午10分钟的时间，弗朗西斯心情很不好。

她吼道：“我们课间回来浪费了太多时间。从现在开始，如果你们不马上排队，第二天的课间休息就取消！”学生们互相翻了个白眼，因为他们知道弗朗西斯不会把威胁付诸行动。第二天，他们也一样难以召集，正如他们所料，没有人失去休息时间，因为弗朗西斯也不想失去休息时间。

弗朗西斯的反应是过激的，最终也是无效的。当老师们用威胁来制定规则，却没有意愿用实际行动来强化时，学生们就会明白，他们说的不是真话。

当我们将正念觉察应用于这种情况时，我们会花时间冷静下来，在采取任何行动之前观察发生了什么。当我发现自己变得沮丧时，我会注意到下巴和肩膀的紧张，然后做三次深呼吸来放松。接下来，我寻找并观察那些无视我的学生，看看是否有情有可原的情况影响了他们的行为。一旦我冷静下来，我就能分析形势，想出有效的应对办法。

例如，假设布鲁克斯先生和他的五年级学生也面临类似的问题。现在是四月，天气终于回暖，可以到户外享受活动了。眺望操场，布鲁克斯先生很容易看出他的学生为什么在磨蹭。他注意到自己的脖子和肩膀越来越紧张，但他深吸了一口气，让自己平静下来，并考虑其他选择。

他回到教室拿了一本书。然后走出来，坐在树旁的草地上，开始看书。上课铃响后，学生们惊讶地发现老师正坐在草地上看书，便走到老师身边坐下。

布鲁克斯老师抬起头，他说：“哦，你们来了！我以为你们已经决定放学了。”他的学生笑了。

“那么，如果我们今天想办法下午在外面上课怎么样？”他的学生欢呼起来。布鲁克斯先生没有与“春困”作斗争，而是想出了一些学生可以在户外进行的学习活动。

第二天的课间休息前，他和全班同学讨论了这个问题。“我知道天气越来越好，我们都想在外面多待些时间，但我们马上就要准备考试了。如果你们课间休息后要花这么长时间排队，我们就浪费了很多时间。我担心我们班会落后。”

他和全班同学一起头脑风暴，想出了一个主意。他们决定，一旦他们完成了考试，他们将有一个“野外日”，花一整天的时间在外面庆祝。在他们做出决定后，布鲁克斯问他们：“下课铃响时，我怎样才能帮你们快速排好队，这样我们就不会浪费时间了？”一个学生建议他在上课铃响前五分钟吹响哨子，这样他们就能在进去之前得到一些提醒。第二天，他们成功地遵循了这个秩序。

我承认布鲁克斯先生的解决方案可能并不适用于所有的条件和情况。我举这个例子，是因为它包含了正念发挥作用的重要时刻。在这个场景开始的时候，布鲁克斯停顿了一下，运用正念觉察到了自己身体里不断上升的紧张感。然后他做了几次深呼吸冷静下来，再考虑如何应对。当我们冷静和专注时，我们能更有创造力。布鲁克斯先生的解决办法相当聪明。他没有强行让学生注意，而是做了一些意想不到的事情来吸引他们的注意力。他还对儿童的常见行为表现出同理心、理解和接纳，这是我们在第一章中探讨的人际正念的要素之一。

布鲁克斯让学生集中注意力后，就让他们自己解决问题。我们常常以为学生从我们的角度理解了问题。然而，这种情况很少发生。我们通常需要用简单的语言解释现在的情况和我们的担忧。布鲁克斯平静地做了这件事，没有指责他们。他邀请他的学生帮助他思考这个问题的可能解决方法。这向他们传达了这是班级的共同问题，并为他们所有人提供了接受解决方案的机会。

对一些学生来说，在满是同龄人的教室里度过漫长的一天是非常紧张和疲惫的。有时学生需要时间冷静，或者只是需要自己的时间。如果我们创造一个空间来满足这种需求，这会有所帮助。例如，我观察到的一个班级在教室里有一个区域被确定为“安静角落”。当学生们感到不开心或者只是需要休息的时候，他们可以去这里。孩子们用他们“宁静之地”的图片装饰了这个角落。“宁静之地”是他们能想象到的可以帮助他们感到更平静的地方。图片中有海洋、鲜花、山脉和住着幸福家庭的房子。

冲突解决

我们希望我们的学生学会与他人相处。然而，这说起来容易做起来难。当孩子们在学习人际关系的技巧时，他们有时会很难解决与他人的冲突。通常最简单的反应是为他们解决问题，将他们分开，或就情况做出执行决定。虽然这样的解决方案可能是权宜之计，但它们并不能教会学生解决冲突的方法和人际关系技巧。

当学生有冲突时，其他学生可以充当同伴调解人。为了有效地使他们的角色发挥作用，学生需要接受一些简单调解技巧的训练。如果给孩子们适当的工具，你会惊讶地发现有多少冲突情况是孩子们自己学会解决的。

教学生成为和平使者是一门课程。这需要提供机会让学生们角色扮演，练习谈判和调解的具体程序，直到他们能够日常管理自己的冲突。一旦他们都学会了这些程序，老师可以每天选择两个不同的学生作为调解人，帮助他们的同龄人和平解决冲突。

例如，假设两个男孩在争论谁先使用教室里的电脑。当他们的老师威科夫女士听到他们的争吵时，她会请一位调解人来帮助学生解决他们的分歧。

埃伦就是这位被选中的调解人。她首先告诉两个男孩，威廉和胡安，她的调解是自愿的，她的作用是帮助他们找到一个双方都能接受的解决方案。她解释说，她是中立的，不会偏袒任何一方，也不会试图决定谁对谁错。她让他们知道，帮助他们决定如何解决冲突是她的工作，每个人都有机会在不被打断的情况下解释自己对这场冲突的想法。

一旦男孩们同意进行调解，他们就必须同意程序规则。他们必须同意诚实地解决问题，而不是谩骂或打断。他们必须同意对讨论进行保密，并坚持执行调解过程中达成的协议。

首先，埃伦给他们每人一个骰子，看谁先讲自己的想法。威廉掷到更高的数字，所以他开始："我先到这里的，所以我想应该我先用电脑。此外，我需要为我正在写的一份报告查找一些资料。"威廉说话时，胡安和埃伦在倾听。

然后埃伦告诉胡安轮到他了。"我想我们是同时到这里的，而且我也得为我的报告找点东西。"

埃伦重申了她所听到的："威廉说他先来的，他需要为他的报告查找一些信息。胡安说他认为你们俩是同时来的，而且他也需要写报告。你们有谁知道怎么解决这个问题吗？"

胡安说："如果我们掷骰子，谁得到较大的数字，谁就可以先用电脑，怎么样？"威廉对此表示赞同。

在继续之前，埃伦确认两个男孩都理解了调解协议。她说："我听到胡安建议你们一起掷骰子，谁得到的数字最高，谁就可以先用电脑。我还听到威廉同意了。我对你们俩的理解都正确吗？"

两个男孩都点了点头。埃伦递给他们一个骰子。威廉得到了更高的数字，胡安同意让他先使用电脑。

正念暂停

在全天授课过程中有意识地创造停顿是提高学生参与度和学习兴趣的一种方法。我们通过放慢讲话速度，并在课堂上以停顿来打断课堂紧张的状态，从而营造一种舒适放松的感觉。如若运用得当，这个方法也可以促进课堂讨论。

我们处理信息的速度因人而异。有些人处理听觉信息的速度非常快，而另一些人往往具有更强的视觉或感觉运动能力。无论如何，当我们有更多时间处理信息时，我们思考和学习的质量就会提高。年幼的孩子比年长的孩子需要更多的时间，但成年人和孩子交谈时往往会像在与其他成年人交谈一样快速浏览内容进而忘记这一点。所以，无论他们年龄多大，只要我们多给学生一点时间来处理信息，他们就会学得更好。

当我向其他老师介绍这个想法时，他们经常担心这会浪费宝贵的时间。可重要的是要认识到，在停顿期间，你和你的学生并不是“无所事事”，而是在考虑多种选择的可能。他们可能正沉醉在脑海中的一幅图画，也可能在脑中联想、比较和对比事物，还有可能正在心中琢磨确切的用词。这时，如果我们给学生更多时间，他们的处理就能变得更丰富、更深入、更抽象。当你匆忙上完一节课时，你可能会更快、更有效地讲授内容，但你的学生没法很好地吸收这些内容，或是完全没有。

这些停顿还有额外的好处，它给了我们老师一些时间来练习正念。当这成为我们课程中有意的一部分时，我们可以花时间多注意当下空间中身体的状态、整个教室、每个学生以及周围的小细节。这也是给我们自己一个短暂的休息时间，像是长久繁忙教学活动之间的小假期。

我们可以利用这段时间来了解我们自己和我们的学生。问问自己：我现在感觉如何？同学们感觉如何？现在发生了什么？我的学生需要什么？我怎样才能更好地解释这一点？有了这些基于正念的停顿，我们就能塑造学生的正念行为，让彼此都有时间来处理这些共同探索的信息。

通常我们会在提出问题之后和请人回答之前停顿一下。大多数时候，这个停顿只有一秒钟左右，这样一来，快速处理信息的学生会占有优势，他们往往也是那些立即举手的人。速度快的学生在回答问题时，速度慢的学生仍在尝试处理问题，因此他们可能听不到或理解不了答案，或者无法将其与现有知识结合。如果课堂中的快节奏继续下去，一些学生就可能跟不上了。

然而，教育研究人员发现，如果教师提问和学生回答之间的停顿持续三到五秒钟，学生的行为就会发生显著变化。学生更有可能恰当、正确回答问题并提供更长、更复杂的答案，“我不知道”或不回答的情况也会更少。随着时间的推移，越来越多的学生表现出更高的参与度，成绩和学校就学率也会有所提高。

正念停顿对教师也有积极影响。通过有意识地利用停顿时间，教师的提问策略会变得更加多样和灵活，他们还能提出一些后续问题，这些问题需要更复杂的信息处理和更高阶的思维能力。

罗伯特·斯塔拉（Robert Stahl）提出了八类停顿时间。当我们正式引入正念停顿时，这些停顿就从尴尬期变成了宝贵的沉默期。第一类是我们已经讨论过的：教师提问和学生回答之间的时间。其他七类如下：

学生回答时的反应停顿时间。这是学生在回答教师问题的过程中停顿或犹豫时发生的三秒或更长的停顿时间。当学生思考答案并停顿时，教师往往会打断他们。然而，这时如果给足时间，学生通常会在停顿期后成功回答这些问题。

学生回答后的等待时间。这是学生完成回答后的暂停，这时其他学生正考虑进一步的答案或反应。这让其他学生有时间思考前一个学生所说的内容，并决定他们是否有任何要补充的内容。

学生停顿时间。这是学生提出问题、陈述或评论但未完成整个思考过程后的暂停。将这种类型的停顿形式化似乎很奇怪，但这种情况出现的频率比我们可能意识到的要高，因为人们倾向于忽略问题而不是允许停顿。但这种事经常发生在我身上，例如我有一个想法、观点或问题。我正准备告诉别人，但脑子却一片空白不记得要说什么了。当这种情况发生在学生身上时，我们可以给自己和学生一点时间来恢复，而不是就这样放过。

教师停顿时间。这是教师有意发起的停顿，用以考虑正在发生的事情、评估情况并考虑最佳行动方案。对老师来说尤其有益的停顿时间是当学生提出问题并且答案比较复杂时，花些时间考虑如何构建答案可以改善学生的学习。

教师演示停顿时间。这是教师在讲课、演讲或其他深度内容输出期间有意采用的停顿。老师故意停止信息流，并给予学生三到五秒钟的暂停来吸收信息、巩固思维。这种停顿不需要学生的回应，而是仅供处理信息。通过这样利用停顿，教师可以将他们的教学内容分成小块，以帮助学生更好地吸收和处理信息。

学生完成任务的工作时间。这个类别的停顿时间旨在让学生完成需要全神贯注的学术任务。其停顿长短应与完成一项任务所需的时间有关，这种停顿所涉及的难点是如何处理学生完成时间的差异。如果学生了解停顿的价值并且他们中的一些人提前完成，他们就可以利用这段时间以某种方式扩展他们对主题的思考。

冲击停顿时间。这是利用停顿时间来制造冲击力或戏剧性。当我们停下来时，我们可以营造一种期待的情绪，而戏剧性的停顿则会产生悬念和期待感。

停顿时间可能十分具有挑战性。我们中的许多人对分享自己的想法和观点感到非常兴奋，以至于往往会打断学生，使得讨论中没有留下空间让学生处理信息，更不用说给出深度思考后的答案。在本章最后的正念技能练习中，你将了解更多有关如何在课堂上应用正念停顿的信息。

灵活应对

雅各布·库宁很好奇为什么有些教师在教学过程中能够促进和保持学生在任务中的较高水平行为。因此，他观察了一些教师并对他们的行为和学生的反应进行了研究。他注意到，当教师以挫败感来回应学生的不当行为时，会对课堂行为管理产生负面影响。他还注意到，高效的老师特别了解教室里发生的一切，并采用积极主动的策略来保持学习处于正轨之上。

库宁利用他的研究成果发展了一种课堂管理理论，专注于教师计划、组织和授课的能力，同时强调应用灵活的注意力和积极主动的行为。管理和教学的有效互动需要他所说的“课程运动”，其通过五个主要方面来实现：心在当下、并行能力、动态、顺畅和集体注意力。

心在当下

在第二章中，我介绍了“心在当下”（withitness）的概念，这是库宁创造的一个术语，用来描述教师的专注和主动行为。这属于马扎诺和皮克林提出的课堂管理最有效方面的“心理定式”范畴——基本上是在课堂设置中应用正念。

库宁注意到，成功的老师更“沉浸其中”。他们对个人和群体的社会、情感和注意力动态表现出高度的觉察，并能够影响和调节这些动态，主动鼓励任务上的亲社会行为。虽然这听起来很简单，但它需要高度的认知灵活性和自我调节能力，以便同时关注个人和整个群体，快速准确地评估情况，并采取适当的积极应对措施。

我们应练习“后脑勺上长眼睛”，这实际上是发展对声音的高度觉察。聆听教室噪声的细微变化，让我们知道有些事情需要注意。例如，老师可能会注意到一个学生开始坐立不安，并意识到这个迹象可能表明他正感到困惑，需要帮助。通过走到他身边，在他分心之前提供帮助，老师可以帮助他和整个班级处于正轨。

我们也可以偶尔停顿一下，把注意力放在全班同学身上。这个练习可以帮助我们培养自己“心在当下”的能力。此练习的详细描述可以在本章末尾的技能练习板块中找到。

并行能力

在“多任务处理”（multitasking）这个词被广泛使用之前，库宁创造了“并行能力”（overlapping）这个词。基本上它们的意思是一样的。一个好的老师可以在讲课的同时保持对潜在行为干扰的觉察，并积极地建立预防策略。

例如，假设古普塔老师正在让高中英语课上的学生讨论莎士比亚的《哈姆雷特》。她问：“马塞勒斯说丹麦恐怕发生了些不可告人的坏事是什么意思？”为了练习正念暂停，她停顿了三秒钟。在停顿期间，她环顾教室，注意到达内尔正盯着窗外，心不在焉。为了提醒他，她优雅地走向他，重复着这个问题。达内尔把注意力转向她，重新投入课堂。

由于古普塔老师在授课时经常在教室里走来走去，所以当她走向达内尔时，学生们并不会特别明显地感觉到她在提醒达内尔。通过这种方式，她可以巧妙地将他的注意力吸引到课堂上，而这既不会打断她的课程，也不会让达内尔感到尴尬。

并行能力需要高度的意识，这将使我们识别特定情况的动态，从而分析最合适的。在不焦虑或紧张的情况下兼顾多种需求也需要开放的觉察、处于当下和冷静的状态。当我们定期进行正念觉知练习时，我们在压力下保持冷静的能力就会增强。当我们看到当下的情况时，我们就能更好地处理教学的要求，而不是只能采取不受抑制的情绪反应。

动态

“动态”（momentum）这个词指的是课程的流动。想象你正在冲浪板上冲浪：要在沙滩上滑行，你需要保持平衡和弹性，你弯曲膝盖以应对海浪的冲击。

同样，一个好老师也能驾驭课堂的波动。他们可以接受满是孩子的教室会变得混乱。这不一定是一件坏事。课程并不总是按照计划进行。为了响应学生的兴趣和需求，教师需要一定程度的自发性。他们要有保持情况稳定的能力、随机应变的适应能力，以及在干扰中继续教学的觉察、沉着和坚持。有规律的正念觉察练习可以帮助我们培养这些品质。

顺畅

熟练的教师能使他们的课保持顺畅（smoothness）。他们不会受到诱惑，偏离正题，也不会被无关的评论或问题转移注意力。他们对课程内容非常了解，可以组织讨论以拓展学生的思维，帮助他们理解课程的主要概念。他们不会被一个有挑战性的或无关紧要的问题弄得心烦意乱。当我们定期练习正念觉察时，我们的认知功能会增强，特别是我们集中注意力和转移注意力的能力。这使我们更容易在授课时保持正轨。

集体注意力

当我们能让全班同时参与一项活动时，我们就已经可以把握集体注意力（group focus）。这通常涉及对情感的巧妙运用，如培养兴趣、制造悬念、激发兴奋或热情。

例如，假设巴老师正在教一节关于“分数”的数学课。“分数是一个整体的一部分。”他在教室里边走边说。

架子上放着一个面包店的大盒子。巴老师停下讲课，指着盒子说：“那边的架子上是什么？”所有的目光都转向书架。当巴老师走到书架前，拿起盒子，把它带到房间前面时，悬念就来了：“谁能猜到这个盒子里装的是什么？”

学生们猜是当地面包店的商品。

“要我打开看看吗？”他问道，让人更加期待。

“要！”他们异口同声地喊道。

现在巴老师引起了学生们的注意。他慢慢地掀开盖子，露出一块大蛋糕，每个人都十分兴奋。

“你们想吃蛋糕吗？”他说。当然，学生们都很想。但在他开始切蛋糕之前，他把分蛋糕变成了一堂分数课。

“好吧，”他说，“如果我分到一大块，你们都分到小块，怎么样？这样公平吗？”

“不！”学生们喊道。

“那么，我怎样才能做到公平呢？”在漫长的等待之后，他提问了一个学生。这个学生说每一块都应该是一样大的。

“那么我如何确保每一块都是等大的？”

他让另一个学生数一数房间里有多少人。班上有23个学生，包括他在内，共有24人。

“这意味着我们每个人都有24块中等量的一块，对吧？”

他向他们展示如何在黑板上写1/24，然后继续演示如何均匀地切蛋糕。他先把它切成两半，在黑板上写上“1/2 + 1/2 = 2/2 = 1”。然后他又切了一刀，切成四块，写下“1/4 + 1/4 + 1/4 + 1/4 = 4/4 = 1”。他继续切蛋糕，直到有24块，然后分给每个学生一块。在整个课程中，巴老师创造性地引入分数的概念，吸引了学生们的注意力。

应对具有挑战性的行为

在本章中，我们研究了如何将正念应用于协调课堂动态。在本节中，我们将关注正念如何帮助我们应对具有挑战性的行为。正念可以帮助我们识别学生行为背后的原因，觉察我们对行为的情绪反应，以及学习如何调节它。我们将研究各种可以减少不当行为并促进亲社会行为的方法。

非评判觉察

非评判觉察是正念的一个重要方面。它指接受事物在当下的状态。通常当人们第一次开始练习正念觉察时，他们觉得不可能不去评判。的确，这种做法很难。我们经常会注意到我们在评判，然后谴责自己的评判！然而，正念觉察的练习包括注意我们的评判倾向。我们没有试图阻止自己去评判，但我们注意到它正在发生。当我们观察自己正在进行的评判行为时，我们会越来越清楚地意识到这一点，我们的心态会稳定下来，最终我们的评判倾向会消退。

例如，我们可能会注意到一个学生没有认真听讲，然后马上想，“他从来不听”或者“他想让我生气”。

与这些想法相关的是挫败感。当注意到这些想法和感受时，我们可以花点时间来反思和冷静。我们可以接受我们感到沮丧和进行评判的事实。一旦接受了这一点，我们的评判就开始减弱。

有两种感觉与评判密切相关：内疚和羞愧。被别人或自己评判会触发这些情绪。有时老师会无意识地把内疚和羞愧作为管理技巧。我相信这种倾向源于我所说的“惯性反应”。

当我还是个孩子的时候，如果我做了父母不喜欢的事情，他们就会羞辱我或说让我内疚的话来惩罚我。有时候，如果我的行为特别恶劣，我的父母会打我屁股。伴随着这种管教方式长大的我，也倾向于把羞愧和内疚作为一种管教方法。当我处于惯性反应时，我就会不假思索地这么做。

有大量证据表明这种内疚和羞愧的方法是行不通的。它不但没有鼓励孩子们守规矩，反而助长了怨恨、不信任和报复。这些自我意识的情绪会强化自己的不足感，对促进学习毫无帮助。通过观察批判的倾向，我们可以减少这种倾向，开始远离基于内疚和羞愧的行为管理方法。

不当行为的原因

我们一直在探索各种方法以预防问题行为。然而，不可避免地，我们有时需要干预和制止不当行为。在我们干预之前，如果我们能确定这种行为的原因，这将很有帮助。练习正念觉察可以帮助我们客观地评估为什么一个学生会做出不恰当的行为。它可以帮助我们看到当下真正发生的事情，而不带评判、先入之见、偏见或期待。

有时学生做出不当行为是因为所处环境和他们的发展阶段不匹配。例如，我们不能指望一个幼儿园的孩子长时间坐着听一位来访的家长谈论她的意大利之行。如果大一点的孩子被要求坐在太小的椅子上，他们也会变得不舒服，难以集中注意力学习。

学生们的无聊也会表现出来。无聊感可能是学习活动过于容易或过难造成的。当活动太简单时，一些学生很快就完成了。如果他们无事可做，无处释放他们的能量，那么他们可能会变得具有破坏性。如果这项活动太难，他们可能会拒绝尝试，并同样变得无聊，也可能会产生破坏课堂的行为。

提供差异化的教学可以防止学生在任何情况下感到无聊。正念觉察可以帮助我们为所有学生提供学习课程的机会，无论他们的能力水平如何。当我们用心观察我们的学生时，我们会清楚地知道如何最好地与他们接触。我们可以教授相同的技能或概念，但是可以布置个性化作业和提出差别化的期待。

正如我们前面所了解到的，有时学生做出不当行为是因为他们的身体需求没有得到满足。有些孩子在饿的时候会变得非常暴躁，因为他们的血糖会下降，身体不舒服。当孩子睡眠不足时，他们会变得易怒，难以控制自己。疾病也会影响行为。我曾经有一个学生，他经常患上耳部感染，在他发病的时候，他就会变得心烦意乱、非常易怒。

这些导致不当行为的常见原因很容易得到纠正，只需采取一些简单的措施：改变教学环境或教学方式以及确保学生的身体需要得到满足。然而有些时候，我们的学生会因为脾气不好或情感需要未被满足而产生问题行为，这需要采取谨慎的干预策略。接下来，我们将逐一研究这些问题以及如何运用正念帮助我们的学生。

性格特征

我们每个人生来都有某种性格特征。有些人对环境特别敏感。巨大的噪声和拥挤的房间可能会让他们特别不舒服。一些人比其他人更善于应对变化。一些人天生比其他人更自律。还有一些人在感到沮丧时很难克服它。

这些性格特征对于课堂环境都是特别具有挑战性的。敏感的学生需要帮助来适应过度刺激的环境。那些不能很好地应对变化的学生在过渡阶段需要帮助，那些容易心烦意乱的学生在自我调节方面需要帮助。当我们用心观察我们的学生时，我们可以注意到这些微妙的性格特征，以及它们对学生行为的影响，而不是自动地假设他们的行为是故意惹怒我们。掌握特征后，我们就可以同他们感同身受，并提供支持，以防止他们的不当行为。

结果VS惩罚

我们很多人都倾向于因为学生的不当行为而惩罚他们。当我使用“惩罚”这个词时，我指的是通过伤害来阻止不当行为。这通常包括谩骂和其他责备或羞辱的话。毕竟许多人在童年时都受到过惩罚，这可能是一些人的自然倾向。然而，研究表明，惩罚往往会产生意想不到的副作用。它会对学生对学校的态度、他们对老师的看法，以及他们与同龄人和成年人的互动产生负面影响。这非但不能改善行为，反而会导致怨恨、不信任和报复的冲动。

当我们面对不恰当的学生行为时，更有效的选择是提供一个自然或合乎逻辑的结果。自然结果是指由于某种特定的行为或行动而自然发生的事情。例如，假设乔治拒绝吃午餐。后来他说他饿了，但午餐时间已经结束了。他的老师平静地说："我很遗憾你饿了，但午餐时间已经结束了。明天你可以选择在午餐时间吃午饭。"

逻辑结果是指我们认为某一特定行为会导致的结果。为了有效阻止不当行为，一个合乎逻辑的结果需要与行为相关，并需要以善意和尊重的方式坚定地执行。这个结果应当是合理和有益的——它必须能帮助学生在未来表现得更好。如果这些因素中有任何一个缺失，那么这很可能不是一个合乎逻辑的结果，而是一种惩罚。

例如，如果一个学生在拼写课上拒绝做拼写作业，那么这个当堂作业就会变成家庭作业。如果学生抱怨，老师可以平静地说："拼写作业今天必须完成。如果在课堂上没有完成，你可以在家完成。下周，你可以选择在上课时间做每周的作业。"

将正念觉察应用到我们的管理活动中可以帮助我们认识到我们是在使用结果还是惩罚。如果我们发现自己有一种通过羞辱或诱导内疚来报复的冲动，这种做法就是惩罚。有时很难承认这种感觉，因为让学生羞愧或内疚是不专业的行为。然而，当我们伤害自己或感到愤怒时，想要伤害他人是一种自然的倾向。如果我们忽略了这种感觉，就可能没有注意表达方式，在给予惩罚时误以为自己在提供结果。当我们养成了有意识觉察自己感受的习惯时，我们就可以停下来，冷静思考，确保自己的话传达的是一种结果，而不是惩罚。

例如，维加老师很沮丧，因为安东尼又和同桌说话了，分散了她的课堂注意力。"安东尼，"她说，"你说话的时候很影响课堂教学！在自己的椅子上坐好，直到你能控制住自己不说话为止！"虽然她的话表达了合乎逻辑的结果，但她严厉的语气把这变成了一种惩罚。她的语气带有一种贬低、批评的意味，这暗示安东尼的行为很幼稚。她可能没有意识到，但她的话是为了羞辱和伤害安东尼，而不是为了提供指导。

有时候因为太过分，回应变成了一种惩罚。兰德尔老师撞见彼得在书桌上画画。“彼得，我们要尊重学校的财产！”他喊道，“今天放学后你要留下来打扫所有的桌子！”让彼得收拾他制造的烂摊子是合情合理的，但让他打扫所有的桌子太过分了。

如果回应与行为无关，那么这就是惩罚而不是结果。例如，因为吉姆插队，他的老师范德塞尔女士让他在黑板上写了100遍“我不插队”。这种回应既不相关，又过分。

当我们在年初建立规则和程序时，我们也可以列出相关的逻辑结果。适用于课堂的逻辑结果的三个基本类别是：

1. 权力的丧失。一个学生在该排队的时候不去排队，她就失去了作为队伍领头人的特权。

2. 做错了事，就要承担相应的结果。如果一个学生把胶水倒在桌子上，他就需要把桌子清理干净。

3. 休息一下。在上面的故事中，安东尼并没有被无礼地对待，而是被平静地要求休息一下，不要坐在其他同学旁边，直到他准备好把注意力集中在学习上。

未被满足的情感需要：评估行为背后的动机

今天，越来越多的孩子在入学时没有准备好适应学校的学习环境，也有许多孩子早在学龄前就有严重的行为问题。由于这些问题，越来越多的幼儿甚至被学前班或幼儿园开除。这些孩子的家庭往往缺乏必要的资源来帮助他们学会行为的自我调节和集中注意力。

这样的孩子很难把注意力集中在一项任务上，也很难与他人相处、听从指示或静坐不动。此外，许多人曾遭受创伤，这可能损害对学习至关重要的发育过程。遭受创伤的儿童往往高度警惕——他们的大脑天生就处于高度戒备状态。他们不断地扫描周围的环境，寻找威胁的信号，这种无意识的注意力消耗占用了大量的认知资源，因此留给学习活动的资源很少。

有这些问题的学生可能会在充满活跃同学的教室里感到不知所措或过度兴奋。由于他们无法自我调节，他们可能会扰乱课堂秩序、激怒和惹恼老师和其他学生。在这种情况下，惩罚措施不起作用，甚至往往会加剧失调行为。

这些学生需要的是非常明确的期望、具体的例子和通过友好而坚定的沟通。当老师采用这种方法时，所有孩子才能做出更好的回应。其中自我调节困难的儿童受益最多，尤其是从其长远的表现来看。

阿德勒学派的心理学家鲁道夫·德瑞克斯（Rudolph Dreikurs）认为儿童有一种天生的自我价值感需求。在他的研究基础上，简·纳尔逊（Jane Nelsen）写道："行为不当的孩子会感到气馁，因为他们对如何归属社区和与社区联系认知不正确。"德瑞克斯、格伦沃尔德和佩珀（Dreikurs, Grunwald & Pepper）将这些想法应用到课堂管理中。

当归属感的需要没有得到满足时，学生可能会采取不当行为来满足这种需要。德瑞克斯和绍尔茨（Soltz）根据这些行为的错误目标进行了分类：关注、权力、报复和能力不足。为了提高教学效果，教师必须解决错误的目标，而不仅仅是错误的行为。

当学生感到缺乏自我价值感和归属感时，他们往往会通过不当行为寻求关注。他们似乎总是需要成为人们关注的焦点。当寻求关注并不能给他们带来他们所需要的自我价值感和归属感时，他们可能会开始与成年人或其他学生争夺权力。当权力斗争未能给他们带来他们所需要的自我价值感和归属感时，他们可能会开始感到不受欢迎和不被欣赏，从而导致报复的倾向。当报复失败时，学生们就会气馁，放弃尝试。

让我们来看看这些错误的目标和它们相关的行为，并探索如何运用正念觉察来正确地认识和回应它们。在第三章中，我们探讨了如何应用正念觉察来识别和调节负面情绪。这些技能能够有效应对具有挑战性的学生行为。

认识我们的情绪甚至可以帮助我们评估学生行为背后的错误目标。如果我们感到恼火，这种行为很可能是在寻求关注；如果我们感到威胁，这种行为很可能是对权力的争夺；如果我们感到受伤，这种行为很可能是一种报复；如果我们感到气馁，学生可能会表现出能力不足。

这些感受不仅可以成为了解学生行为动机的重要线索，而且还可以帮助我们做出适当的反应。它们是强烈的信号，给我们一个“警告”：我们需要注意这种行为，小心不要惯性反应，冷静下来，反思，在加强这种行为或情况恶化之前考虑其他选择。

觉察这些感受也可以帮助我们摆脱消极情绪，转而具有同理心。起初，我可能会感到非常恼火或受伤。但通过练习，我可以认识到这种强烈的感觉表明我的学生正在遭受痛苦，他们需要我的关怀和同理心，而不是我的愤怒和惩罚。当我识别到痛苦和折磨是行为的根源时，我能够改变自己的情绪状态，并以有帮助的方式做出反应。

关注

缺乏自我价值感的学生往往会寻求不必要的关注。每个人都需要关注，但缺乏自我价值感的学生似乎持续性地需要特别多的关注。在不恰当的时候，他们会要求父母和老师给予关注。当老师试图帮助另一个学生时，他们经常要求关注自己。他们可能会做一些炫耀的事情，可能问无关的问题，也可能造成破坏。他们错误地认为如果别人关注他们，那么他们就有价值。

争取过分关注很容易识别，因为它们通常会引起烦恼或恼怒。我曾经有个学生叫卡拉，她表现出需要持续的关注。除非我坐在她身边帮她，否则她什么都不肯做。当我在帮助其他学生时，她会不断地抱怨说她需要我的帮助。这种行为真让我心烦。我很恼火，真想狠狠地骂她，让她离我远点。

然而，由于我明白我的烦恼是一个信号，表明她的行为是在寻求不适当的关注，而这种欲望源于她缺乏自我价值感，我认识到最好的回应就是不回应。我做了三次深呼吸来平息我的烦躁，无视她的要求，继续帮助其他学生。还有一次，我不那么生气了，我平静地对卡拉说："当你觉得需要帮助时，我希望你试着自己解决问题。如果你真的需要帮助，你可以来找我，但我不会回应大吵大闹的学生。"

正念觉察的应用帮助我注意到卡拉在做一些值得我注意的事情。例如，当她在没有我帮助的情况下完成一项任务时，我肯定会说："卡拉，我注意到你在那项任务上很努力，而且都是自己完成的。你一定很自豪。"我没有给她空洞的赞美，而是小心翼翼地给她积极的反馈，承认她的努力和独立，帮助她珍惜自己和自己的努力。这种反馈的目的是帮助她在内在自我激励的基础上建立一种真正的自我价值感。

权力

当学生们认为他们没有得到应有的关注，或者觉得关注没有提供他们渴望的自我价值感时，他们可能会开始相信他们需要权力才能被重视，并因此诉诸权力斗争。许多老师发现学生对权力的追求很棘手，他们有时可能会陷入与这些学生的权力斗争中。

例如，假设奥尔特加老师注意到科隆还没有开始做作业。他正坐在课桌前在一张纸上乱涂乱画。她对他说："科隆，把那个拿开，拿出你的书。我们现在正在做历史作业。"

科隆抬头怒视着她："不要。"

奥尔特加老师更加坚定地重复了她的指示，科隆回答说："不，我不想。我不要做任何你让我做的事！"

奥尔特加不得不发火："注意你对我说话的口气！马上开始做作业，否则你会受到惩罚！"

科隆怒吼道："你不能逼我。"

于是权力斗争开始升级。

奥尔特加老师的声音变得尖锐，她的脸因愤怒而涨得通红，扭曲着，她喊道："你最好听我的话，否则你会被踢出这个班！"

"拭目以待。"科隆冷笑着说。

"好，那正好。我受够了你的无礼。现在就到校长办公室去！"她吼道。

科隆在出门前踢翻了一把椅子。

在这场权力斗争中，奥尔特加和科隆都不是赢家。科隆离开了课堂，奥尔特加老师松了一口气，但这种喘息只是短暂的，科隆会回来的。奥尔特加女士失去了宝贵的教学时间。虽然科隆可能很高兴不用上课，但坐在校长办公室里他什么也学不到，只是现在他知道如何通过挑衅和不尊重的行为离开课堂。他的自我价值感没有以积极的方式得到加强。此外，他可能会觉得自己不那么受重视，甚至更加不满。

老师不可能在与学生的权力斗争中获胜，因为有权力问题的学生可以做任何事情，而我们的行为必须保持专业。既然我们赢不了，在这种情况下，最好是迂回前进，而不是正面进攻。最重要的目标是保持冷静。

这说起来容易做起来难，但这就是正念觉察的应用真正有帮助的地方。一旦我们意识到我们绝对不能压制这样的学生，我们就可以识别自己强烈的情绪、学生对权力的追求以及激发这种追求的痛苦。这有助于我们冷静下来，从而避免冲突。

让我们重新回到上面的例子。这一次，让我们想象一下，奥尔特加一直在定期练习正念觉察，她的情绪觉察和自我调节能力都有所提高了。

奥尔特加老师注意到科隆还没有开始写作业。她没有让其他学生听到她对科隆的指示，而是走到科隆身边，悄悄地让他拿出他的历史书。他说不，但她没有重复指示，而是走开了。

她注意到她的脸开始发烫，下巴和肩膀开始紧张。她对这些感觉很熟悉，意识到自己受到了威胁，这让她意识到一场即将到来的权力斗争。她做了三次长而缓慢的呼吸让自己平静下来，想起科隆的权力问题来自他没有满足的自我价值感。他的行为源于痛苦，而不是针对她个人。这有助于她保持客观，以便考虑其他应对选择。

根据她对科隆及其问题的理解，奥尔特加可以用各种方式做出回应以避免冲突。她可以用平静、实事求是的语气重申，历史作业要在下课前完成，然后就可以走开了。她也平静地告诉科隆做不做历史作业是他自己的选择，并告诉他不做的结果。她还可以给他提供另一种选择或激励。有时幽默或做一些意想不到的事情也可以转移情绪能量，这也是一种化解权力斗争的方法。但老师需要小心避免使用讽刺的语气，这可能会让学生感到羞耻或尴尬。

奥尔特加可以花时间思考科隆行为的原因。也许上课前发生了什么事让他心烦意乱，也许是他家里发生了什么麻烦事。过些时候，当他们都冷静下来、没有课时压力的时候，奥尔特加可以和他讨论烦恼的原因。

报复

当学生们觉得通过获得权力和控制他人没能获得自我价值感和归属感时，他们可能会觉得这种情况是不公平的，并可能会进行报复。他们可能通过打人、踢人、抓人或破坏财物的方式攻击老师和其他学生。当学生这样做时，老师往往会感到受伤、愤怒、失望或厌恶。

重要的是要认识到实施报复是一种严重痛苦的症状。学生进行报复和伤害他人是因为他们感到深深的伤害和疏远。他们最需要的是理解和帮助。在这种情况下运用正念觉察尤其有用，因为我们必须克服自己的自然倾向，克制通过抨击学生来保护自己和他人的冲动。

拉希姆想要得到老师和同学们的重视，但他的努力遭到了挫败。他认为自己天生就很坏，不讨人喜欢。其他人因为他难以预测、经常做出敌对的行为而不喜欢他。这更加剧了他的想法。尽管拉希姆比大多数人更需要鼓励，但他最不可能得到鼓励。当他的父母和老师惩罚他，而他的同伴们拒绝他时，这使他更加相信自己是不讨人喜欢的。

一天上课时，拉希姆抢了桑德拉的作业并把它撕成了碎片。他的老师罗梅女士吓坏了，桑德拉也哭了起来。在了解了拉希姆的问题后，罗梅老师在采取任何措施之前先深吸了一口气。她知道自己需要冷静地回应，否则就会强化拉希姆的错误信念。

罗梅老师意识到他们都需要时间冷静，她告诉拉希姆先休息一下。在和拉希姆交流时，她仔细斟酌自己的用词，以确保不伤到他："拉希姆，我希望你尊重别人的工作。我的工作是确保其他学生的财产不被破坏。当你撕坏桑德拉的作业时，我很生气，而且我知道桑德拉也很难过。我希望你先花点时间冷静下来，然后我们再谈这件事。"

当深呼吸减少但没有消除我们强烈的感觉时，最好留意和承认它们的存在。我们的学生能从我们的脸上看到我们的感受，如果不想失去他们的信任，就不妨诚实一点。不过，我们交流感情的方式很重要。罗梅并没有大发雷霆。她没有试图以任何方式伤害拉希姆。她使用"我"为主语的第一人称来传达她对他行为的感受。

罗梅老师的教室里有一个"安静角落"。当学生需要冷静的时候，他们可以坐在那里。拉希姆静静地坐在那里，戴着耳机，听着舒缓的音乐。

到了课间休息时，罗梅与拉希姆进行了谈话。她得知桑德拉说了一句愚蠢的话，激怒了他。他们一起探讨了对这句话的不同回应，当天晚些时候，拉希姆告诉桑德拉，他不喜欢她说的话。

在这一学年的过程中，拉希姆开始建立对罗梅老师的信任。他开始相信她关心他，并开始对她的帮助和指导做出更好的回应。很快，他的同伴们开始跟随罗梅老师的领导，经常和拉希姆一起玩。慢慢地，拉希姆的行为问题得到了改善。

气馁

当学生无法通过关注、权力和报复来获得自我价值感和归属感时，他们可能会感到气馁并放弃尝试。他们觉得自己在这个世界上没有立足之地，常常感到深深的绝望。如果学生从小就被教导他们毫无价值，他们也会变得气馁。

这些学生表现得好像他们不想被打扰。他们可能很安静、孤僻。如果注意力集中在他们身上，他们就有进一步退缩的倾向。他们表现得很无助，很容易放弃。通常情况下，他们甚至不会去尝试一项任务。这些学生有时对老师和同学来说是隐形的，因为他们很少需要关注。

当我们的学生有这种表现时，我们可能会感到绝望和沮丧，也可能会想放弃孩子或是过分帮助孩子。正念觉察可以帮助我们注意到这些感受和倾向，这样我们就可以有意识地改变对待这些学生的方法。我们可以认识到，学生表现出的不足是深深的痛苦的标志，我们可以承诺不会放弃他们。

这些学生需要善意和坚定的鼓励。我们最好关注他们的优点，避免任何批评或同情。我们应表明理解他们的沮丧，但我们对他们有信心，不会放弃他们。我们可以通过将任务分成小部分，并帮助他们完成非常小的目标，一次一个，来鼓励渐进的进步。

正如我们在第四章“自豪”一节中讨论过的，重要的是表扬学生的工作，而不是他们的技能或能力。经常气馁的孩子有固定型思维模式：他们相信他们天生是，也永久是毫无价值和无能的。他们非常需要鼓励来培养成长型思维模式。

例如，我们可以说“你很努力地写了一页”，而不是：“看，你做到了！你真聪明！”对这些孩子来说，这样的赞美是空洞的。他们不会相信这样的话，这也无助于建立信任。在定期的鼓励下，我看到像这样的孩子发生了巨大的变化。这是一个缓慢的过程，需要持之以恒和勤奋，但努力是会有回报的。

正念技能练习

练习“心在当下”

正如你在本章中所学到的，了解课堂上发生的事情对协调社交互动和情绪感知至关重要，而这些能力对于学习十分重要。练习正念觉察可以帮助你培养这种技能。它包括在当下时刻以冷静和好奇的心态关注正在发生的一切。每天练习这个技巧，随着时间的推移，它将成为惯性反应。在全班安静地进行活动的时候，现在的你可能想利用这段时间查看电子邮件或为下一节课备课。与其做这些事，不如花点时间练习正念觉察。在教室里找一个能清楚看到全班同学的位置，现在轻轻地放松你的眼睛，让你的目光稍微落下来。你也可以让你的视野变得分散。不要闭上眼睛，但把注意力从眼睛转移到耳朵上。现在，倾听房间里的声音。你可能会听到时钟的嘀嗒声和铅笔在纸上写字的沙沙声。你可能会注意到，当你的学生在座位上移动时，衣服沙沙作响。现在试着去听房间外面的声音——孩子们在外面玩耍的声音，人们在走廊上走过的声音，来往车辆的声音。保持这种对声音的正念觉察，直到你注意到课堂上的变化。你可能会注意到，有些学生已经完成了学业，开始做自己的事。当你的学生开始改变他们正在做的事情时，注意教室里的声音。此时，你可能需要进行干预，但也可能不需要。看看在你完全需要集中处理情况前，你能在这种正念觉察状态中停留多久。你可以从抬起眼睛扫视教室开始。当你这样做的时候，看看你是否能保持你的正念觉察。

正念停顿时间

在本章中，你学习了正念停顿的价值。停顿时间包括在讨论期间提出问题后等待的三秒钟。如果可能的话，最好在新学年开始时采用固定的等待时间。但是，你可以在学年的任何时候开始练习。你可以向你的学生解释："我们都知道，如果在回答问题之前给自己时间进行思考，学生就能回答得更好，老师也能教得更好。在问完一个问题后，我会等待三秒钟再叫人回答。这会给你时间来思考如何回答。在回应你们之前，我也会给自己一些时间。"

每次你等待三秒的时候，用这段时间进行正念，做一个深呼吸。如果你是站着的，感受双脚在地面上撑起的重量。让你的意识范围扩大，这样你就能感受整个课堂。扫视整个班级，注意每个举手的学生，然后选择一个你最近交流比较少的学生。当他给出答案时，仔细倾听，花时间思考：你还有什么问题要问他吗？你如何对他的答案提供反馈？如何鼓励他进行更高层次和问题导向的思考？在练习正念停顿几天后，你会发现学生回答问题的质量和你自己提问的质量都有所提升。

向学生介绍正念

以下是你可以介绍给学生的三种简单的正念觉察活动。这些活动适合任何年龄层次，能够提高自我意识，培养认知，增强情感和行为的自我调节，还能够减轻压力。正念练习的最终目的是让你的学生为学习做好准备。

当你第一次开始一项活动时，选择一个你感觉放松、没有额外压力的时候。这将使你把正念觉察融入活动的教学。在开始一节课前，花点时间集中精力。当你把正念觉察带到每个教学时刻时，你就提供了一个帮助学生进行正念的支撑，让学生更容易与你互动。我还建议你把这些活动作为日常生活的一部分。把它们融入你的生活。有规律的日常练习有助于加强学生的自我意识、自我调节和认知能力。它还将在一天中创造出固定的空间，让每个人都冷静下来。

正念倾听

这是一种常见的基于正念的练习，在许多正念教育课程中都可以找到。你所需要的只是一个专门用于这项活动的特殊铃铛。我推荐一个伍德斯托克打击乐编钟（Woodstock Percussion Zenergy Chime），它很便宜，在亚马逊或淘宝上就可以买到。

正念倾听在过渡期非常有用。你可以在每个正念活动开始前使用它来帮助学生集中注意力。例如，你可以在上课开始时使用，然后在午休后再次使用。你也可以在下班前用这个练习来结束一天的工作。一旦你的学生习惯了这种做法，如果你忘记了，他们就会提醒你。许多老师发现学生从这种练习中获益良多，甚至在他们的老师不在的时候让代课老师来做。

告诉你的学生："我们将进行一次倾听练习。这将帮助我们的大脑放松，变得更加专注。首先，让我们在座位上坐直，双手放在腿上或桌子上。几分钟后，我会敲响这个钟，我们要倾听这个声音，直到它消失。我发现当我闭上眼睛时，我能把注意力集中在听力上。你们可以试一试，但如果你觉得闭上眼睛不舒服，你也可以看着自己的手。"当所有人都准备好时，就敲响铃。铃声一停，你就可以说："现在我要开始上课了。"

在你练习了几个星期之后，你可以稍微延长倾听时间。告诉你的学生："今天我们要多听一会儿。当铃声消失时，看看你还能听到什么。"听力练习后，问学生他们听到了什么。你可能会对他们的回答感到惊讶。小孩子的听力比青少年和成人好得多。

正念行走

这个活动也非常有助于让你的学生在活动到活动或课程到课程的间隙中集中注意力。如果可能的话，选择一个宽阔的地方进行这个活动，比如健身房或操场。让你的学生围成一个圈。告诉他们："今天我们要练习正念行走。我来教你们怎么做。"示范如何慢慢地走，描述你的重心如何从脚后跟转移到脚掌，然后再转移到脚尖。"注意你身体的重量落在脚上的感觉。"让学生面朝同一个方向，开始慢慢地绕着圈走。几分钟后，停下来问问他们感觉如何。他们可能会注意到慢慢地走并不容易。一旦他们掌握了缓慢、专注的步行，你可以在午餐、休息等过渡期使用这个练习。

正念饮食

这是一种简单的正念练习，来自正念减压（mindfulness-based stress reduction，MBSR）。这个练习的目的是将正念觉察带入吃的感官体验中，并对正在吃的东西有更强的觉察。

你需要几盒葡萄干，数量要足够，保证每个学生人手一颗。记得在开始之前先让你的学生洗手。在你分发葡萄干之前，说："今天我们要做一个练习，用葡萄干来帮助我们把注意力集中在味觉上。我会分发一张餐巾纸和一颗葡萄干。把葡萄干放在你桌子上的餐巾上，直到我说拿起来。"每个人将葡萄干在纸巾上放好时，你就可以开始了。

"首先，拿起葡萄干，放在你的手掌上。拿着它，看着它，仔细观察。在你的脑海中，想想你会如何描述葡萄干。它是什么颜色的？你怎么形容它的质地？用手掌和它接触是什么感觉？用另一只手拿起葡萄干。手指间有什么感觉？黏稠？粗糙？光滑？软？硬？轻轻挤压它。有什么感觉？把葡萄干放到鼻子前闻一闻。闻起来是什么样的？

“现在轻轻地把葡萄干放进嘴里，但不要咀嚼。你的舌头能感觉到它吗？它现在的纹理是什么触觉？味道如何？它尝起来的味道和闻起来的一样吗？在嘴里移动它，注意葡萄干的每一个细节。现在咬一小口葡萄干，看看你尝到了什么味道。葡萄干在你嘴里是什么味道？慢慢嚼完葡萄干，吞下去。味道如何？请描述品尝葡萄干的体验。”

花几分钟时间让你的学生写下他们品尝葡萄干的经历。发挥你的创造力！你可以让他们写一首关于葡萄干的诗，也可以只是简单地描述一下这个经历。这是一个扩充他们形容词词汇量的好方法。任何食物都可以做这个练习。你也可以把同样的正念觉察应用到其他活动中，比如艺术项目或探索自然。这样，你就可以用有意识的觉察来活跃你的课程。这可以减轻学生在课程中感受到的压力，从而提高他们的兴趣和增强记忆力。

铃声活动

这个活动改编自蒙台梭利的一项名为“线上行走”（Walking on the line）的活动。它能促进注意力集中、协调性和运动计划（motor planning）。下面是对基本练习的描述以及一系列增加难度并涉及人际合作和协调的扩展。这项活动可以用10到12个小手铃来完成。然而，如果你没有这些，也可以用一杯水。练习的目的是不让铃声响起（或水溢出）。这项活动的目的是促进对第一章“觉察之轮”中所描述的八个维度的正念觉察：视觉、嗅觉、听觉、触觉和味觉这五种感官，身体的感觉，“心智觉察”以及与人相处。

邀请你的学生站成一个圈，然后让几个志愿者向前走成一个更小的圈。给每个志愿者一个手铃（或一杯水），并指导他们一起围成一圈，尽量不让铃响（或水溢出）。要做到这一点，学生们必须调动他们所有的八种感官。他们必须预测铃铛的声音，看到铃铛在空间中的位置，触摸铃铛并控制它的重量。他们可能会注意到身体上的期待感或紧张感，担心可能会碰响铃或打翻水。他们可能会注意到自己的想法，即如何最好地把握住铃声，而不是让它响。他们还可能会注意到他们之间的人际协调——只有每个人一起朝着一个目标努力时，活动才能进行。

根据学生的年龄，你可以通过介绍这些想法来引导他们参加这个活动。对于年龄较小的孩子，我建议不要问太多，只问几个关于这个体验的问题。对于年龄较大的儿童和青少年，你可以引入正念觉察和感官的概念。

另外，根据学生的年龄，你还可以提高难度。如果你的铃铛足够班里所有的学生用，请每个人拿一个铃铛，站成一个大圈。花一小段时间和大家一起走，尽量不让铃声响起。接下来，让他们面朝内，注意谁在圆圈的另一边。让他们小心地穿过圆圈，走到圆圈对面的地方，不要碰响铃，也不要撞到任何人。

另一种扩展活动的方法是拿一个铃铛，开始小心地绕着大圈传递，尽量不让它响。你可以通过在圆圈中添加更多铃铛来增加难度，这样就可以同时在圆圈中传递多个铃铛，其中一些则朝着相反的方向移动。如果有时间，你还想再增加一个难度，让一小群志愿者站在圆圈外。首先让内圈的人开始传递铃铛，然后在铃铛传递的过程中指导志愿者们进出圆圈。

CHAPTER 7 | 第七章

正念与学校转型

永远不能通过对抗现实来改变事物。要更改某些内容，就要建造让现有模型过时的新模型。

——理查德·巴克敏斯特·富勒[①]

美国俄亥俄州第十七区的国会议员蒂姆·瑞安（Tim Ryan）在他的书《正念的国家》（*A Mindful Nation*）中阐述美国正在经历一场悄然而至的和平革命。从医疗保健到教育，再到军队，正念觉察的实践正在融入美国社会的各个部门。《时代周刊》杂志在题为“正念革命”[②]的专题中也提到了这一观点。

这场无声的革命不仅席卷美国，也遍布世界各地。《时代周刊》的文章指出，如今有近1000名正念减压（MBSR）教练在美国每个州和全球30多个国家提供培训。我们似乎正在经历一个“转折点”，马尔科姆·格拉德威尔将其定义为“临界点阈值或沸点”。

这种文化转折点有可能使教育转型（而不是改革）。“改革”意味着改变或改善现有结构或形式。相比之下，“转型”意味着改变结构或形式本身的性质，是对教育带来本质的改变。

正如上文富勒的名言中所说，转型的结果是“建造让现有模型过时的新模型”。在本章中，我们将探讨正念如何有可能改变我们对看似棘手问题的思考方式。几十年来，教育工作者和政策制定者一直在推动学校转型，而正念觉察的巧妙应用可能有助于催化这一教育迫切需要的转型。

在本章中，我将介绍一些把正念运用在教育领域的组织和个人先行者。他们正在改变我们的教室、学校和整个生活环境。我们将探讨大量实

① 这句话来自巴克敏斯特·富勒的演讲。

② 原题目为“The Mindful Revolution”。——译者注

证项目和研究，其表明正念可以减轻压力，改善学生和教师的生活。我们还将探究这些项目对学习环境和学生成绩的改善作用。

转型的催化剂

想改变世界，先改变自己。

——甘地

转变从个人开始。通过定期练习正念觉察，并将正念觉察应用到生活和工作中，我们开始意识到我们不是环境的被动接受者。我们有能力改变自己、班级和学校，让它们变得更好。甘地的话提醒我们，我们是转型的推动者。

正念可以提供我们所需要的洞察力。我们可以设想全新的教育模式，并从现在开始在生活和班级里实现它。作为老师，我们是学生及其家长的重要榜样。我们的身份十分特殊，我们可以是“改变本身”。

愿景中的新型教育模式建立在我们对孩子们的希望和期盼之上。最近瑞安议员在弗吉尼亚大学的冥想科学中心做了一次演讲。他说：“我们都希望自己的孩子做到两件事：我们希望他们能关心别人，我们希望他们能集中注意力。”他指出，家长和老师总是告诉孩子们“要集中注意力”“要乖”。但他紧接着提出问题：“但他们能否真的教给孩子们如何做到这些事？”

他指出，正念可能是最简单、最安全、最有效的方法。它可以促进我们对孩子的关怀和善意。威廉·詹姆斯（William James）指出：“一遍又一遍主动将游离的注意力带回来的能力，是判断、性格和意志的根本。”这就是正念。正如詹姆斯继续说的那样，“能够提高这种能力的教育才是最优秀的教育”。

正念不是简单地训练孩子们的大脑吸收和反刍事实以便在标准化测试中取得好成绩，而是促进其他有价值的认知技能，如创造性思维、换位思考和创新解决问题。这些技能有利于培养解决困难问题所需的全面能力。

练习正念觉察还能够增强关怀能力和同理心，从而支持社会和情感层面的发展。此外，它为我们提供了工具，让我们更好地觉察到自己的情感体验，更好地调节自己的情绪。这些技能对于与他人建立成功的社会关系至关重要。

事实上我和同事们认为，正念通过增强自我意识能力和自我调节能力，推动了社会情感学习（social and emotional learning，SEL）。自我意识和自我调节是SEL的两个基本维度。

正念可以被描述为一种理解我们内心世界的成长资源。在世俗意义上，它是驱动精神发展的引擎。正念能够促进归属感和联结感。在我们体验当下、进行无评判的觉察时，我们能更容易地察觉我们共同的人性，我们彼此之间以及我们对众生的依赖。这种理解并不是哲学上的抽象概念，而是相互联结的直接体验。我们认识到我们和万物是一体的，因此关爱彼此、关爱生命、关爱地球就成为一项道德使命。

练习正念能促进觉察。伴随注意力练习，我们能够增强洞察能力。我们开始看到以前从未注意到的微妙细节，从而唤醒自己对情况、人际关系和其运作的深层理解。

当我运用正念观察一个教室时，有时我会注意到本会忽视的微妙但重要的细节。例如，角落里的小女孩正聚精会神地折纸。她可能会被认为是一个“没有完成任务”的孩子。但当我努力让先入之见消失，用正念的视角来看待情况时，我意识到她正在全神贯注地尝试做一只折纸鸟。虽然她可能偏离了传统意义上的任务，但她正在学习一些重要的东西——产生并利用她的深层专注力来完成一项具有挑战性和内在动机的任务。通过定期练习正念觉察，我可以识别想要打断和改变她行为的强烈冲动。这时，我可以停下来，进行深呼吸。在教学中运用正念就是要给自己和学生一些“空间”。我们要接受他们本来的样子，认识到他们动机和行为中的内在价值和意义，而不是试图把他们放进制度期待的既定模式中。

正念能够带来健康的生活。当我们深刻觉察到自己的习惯行为、思想和情感模式时，我们就能为自己的经历负责，并更好地理解其对他人的影响。我们不再视自己为环境的被动接受者，而是认识到，对于任何给定的情况，我们都有无限多的选择。旧的自我毁灭模式消失了，我们能够更好地照顾自己。

让孩子为难以预测的未来做好准备

纵观历史，教育的作用一直是帮助孩子为成年做准备。今天，世界变化的速度如此之快，以至于难以预测十年后的情况。虽然我们无法预测学生所处的未来世界，但我们知道变化的步伐很可能会继续加快。

因此，学生需要极强的适应能力、创造力、勇气、创新能力、毅力、开放的思想、开阔的心胸和合作能力。换句话说，他们需要学会如何跳出固有的思维模式，找到新的方法来解决急迫且困难的问题。

1946年，据《纽约时报》报道，阿尔伯特·爱因斯坦给几百位美国杰出人士发了一封电报，请求他们支持一场推广新思维方式的全国性运动。在电报中，他说：“如果人类要生存下去并向更高水平发展，一种新的思维方式必不可少。”正念可能就是改变我们思维模式的关键。

讽刺的是，当我们停止焦虑地寻求解决方案时，最有可能获得思维上的豁然开朗。当我们感受到解决问题的压力时，往往是情绪在阻碍思考。正如第三章中所说，负面情绪会扭曲和限制我们的思维。当我们运用正念体验当下时刻的充实时，不需要做出任何努力，大量的可能性会自然而然地出现。当我们扩大视野时，大脑会建立起我们以前没有意识到的联结。

麻省理工学院教授奥托·沙默（Otto Sharmer）称这种获取潜能的过程为“当下”。在他的“U形理论”（一种管理变革理论）中，他将其描述为允许未来自发出现的能力。沙默认为，我们之所以普遍未能解决问题，是因为一个盲点阻碍了我们，使我们无法认识到转型产生的内在根源。当团队中的成员都和彼此的内在产生联结时，团队就能够在更高的维度合作，进而转变为一个能创造未来的载体。

我相信，通过练习正念觉察，我们可以培养与这个根源的联系。在当下，我们体验到这种强大的未来潜力，并可以像指南针一样设定我们的意图，使我们的行动与设想的未来保持一致。当我们不拘于过去的记忆或对未来的希望和恐惧时，一切皆有可能。从这种冷静而清晰的意识状态中会产生意想不到的创造力。

有了这种新的认识，我们可以将教育的重点从知识的积累转移到理解、智慧、意义和共同人性的培养上。我们可以对全球人类同胞产生深切的关怀和同理心。我们也可以利用所有可用的工具来改变自己的生活方式，使其具有可持续性，且在道德和伦理上都是公正的。熟练地应用正念觉察可以帮助我们培养集体意志。当我们认识到彼此的相互依存时，就可以看到自己别无选择，只能将我们狭隘的关注范围扩大到个人的需要和需求之外。

后续难题

读完这本书后，你可能已经想大显身手了，想要立即向你的学生教授正念的知识。但我建议首先还是仔细考虑教授的过程。公立学校为所有人服务。当一所学校成为学生的“替代父母”时，这意味着它承担了学生父母的责任，且必须尊重其所服务家庭的文化敏感性。因此，如何在学校引入正念觉察练习就至关重要。

当下的学校正寻找经过科学检验的练习，因此我们必须要对此慎重考虑。这也意味着除了热忱和好想法，我们更需要为真正的科学研究做好准备。我们必须认识到单靠我们的信念和个人经历还不足以为正念教育法打下坚实的基础。本书将助您找到有力的支撑。在下文中，我将带大家回顾一些经科学证明在改善教学方面有效的项目和方法。

先行者

一些组织和个人在正念教育运动中担当了先锋。在本节中，我将介绍他们在塑造理念和提高教育转型能力方面所做的创新性努力。其中包括纳罗帕大学[①]的冥想教育项目、平静课堂项目、纽约市的内在韧性计划、在佛蒙特南伯灵顿学区全区推广的健康与韧性项目以及俄亥俄州两个地区的生活技能项目。

纳罗帕大学

纳罗帕大学是一所独特的机构，由藏传佛教大师丘扬创巴仁波切于

① 纳罗帕大学创建于1974年夏，位于美国科罗拉多州的博尔德，是一所富有创新精神的私立文科大学。——译者注

1974年创立。他期待建立一所将东方冥想方法与西方传统学科相结合的大学。纳罗帕大学受公元5世纪在印度北部建立的那烂陀大学的启发，以11世纪那烂陀大学住持纳罗帕的名字命名。

那烂陀大学在当时堪称跨学科教育的典范。来自世界各地的学者都前来学习、互相辩论并分享各自的传统文化。自成立以来，纳罗帕大学一直是冥想教育的先驱，将正念和其他实践应用于教学和学习。此外，纳罗帕大学从一开始就认识到洞察力、智慧和对世界的深刻理解是教育的重要组成部分。1990年，纳罗帕大学教授理查德·布朗创立了幼儿冥想教育项目。到了2001年，该项目开始扩大，设置了提供短居留期的两年制冥想教育硕士学位。

该学位专为从学前班到高等教育的各级课堂教师设计，向同道中人在连续两个夏季提供为期三周的夏季居住项目，并在此期间教授相关课程，其他剩余课程将以线上方式进行。该项目将西方整体的教育理论和哲学与正念等东方冥想实践相结合，学生将学习到如何将正念觉察和其他冥想练习融入教学方法和主题当中。

平静课堂项目

平静课堂项目（the Calm Classroom，CC）基于赫伯特·本森（Herbert Benson）的研究成果。本森教授任职于哈佛医学院，也是身心医学的先驱，他在20世纪70年代开发了放松反应（the relaxation response，RR）方法。平静课堂项目K-12[①]课程介绍了一套有关正念呼吸意识、注意力、放松和伸展的技巧。这些技巧非常简单且时长短，持续时间在30秒到两分钟之间。这类技巧应每天多次练习，尤其是在过渡期

① K-12教育指美国、加拿大等国的学前至高中阶段教育。——译者注

前后。

该项目旨在提高学生的注意力并减少压力带来的问题，例如焦虑和破坏性行为。平静课堂项目随后在全校推广。教师向学生介绍这些技巧，但随着时间的推移，学生们会在练习时间学会主导课堂。这些做法由全体教职工向学生推广并具体实践，帮助学生在纪律活动中进行自我调节。一项早期研究比较了每周接受3次RR课程与典型健康课程的高中生，学习RR课程的学生报告他们的自尊心有了显著增强。本森和他的同事在2000年进行了一项研究，检验在三年的干预期内实施该项目对中学生学业和行为结果的影响。研究发现，参加过两个或更多学期练习课程的学生比那些接触较少的学生平均成绩和合作分数更高，学习习惯也会更好。

内在韧性项目

2001年9月11日，“9・11”事件发生后，纽约市数千名学童纷纷为生命逃亡。儿童、教师、家长和行政人员都面临着前所未有的悲剧。作为回应，前纽约市学校行政人员琳达・兰提里（Linda Lantieri）开发了内在韧性项目（the Inner Resilience Program，IRP）以帮助纽约市的教师应对由此产生的创伤。不久之后，她开始为学生开发基于正念的课程，以响应教师、家长和管理人员的要求。

IRP提供技能、工具和策略来帮助教师丰富他们的“内在生活”，增强他们在面对创伤时的韧性，从而为学生树立榜样，教授学生这些技能。教师在全天静修、课后讲习班期间在当地学校学习自我关怀、基于正念的减压技巧、瑜伽，并接受一些技术援助和训练。一项涉及纽约市57名三至五年级教师的随机对照试验发现，与未接受该项目的对照组同事相比，参与该计划的教师在压力、注意力、正念和关系信任方面呈现出显著改善。

在这项研究中，教师学习了如何向学生介绍IRP正念活动（整个研究包括对照组共有857名学生）。与教师以控制方法执教的三年级学生相比，接受IRP的实验组三年级学生在自主性和影响力上都有显著改善。该项目还有效地降低了三年级和四年级学生的挫败感。

学区项目

正念教育转型运动的另一个先驱是佛蒙特州的南伯灵顿学区。在2008—2009学年，该学区发起了“内在韧性试点项目”（Inner Resilience Pilot Project），向来自该地区三所小学的41名教师、管理人员和工作人员提供内在韧性项目（Inner Resilience Project，IRP）。

南伯灵顿内在韧性项目包括一系列为期10个月的研讨会和静修，介绍了旨在提高教师个人和职业福祉的减压和情绪调节技能。活动包括深呼吸、正念冥想和其他冥想练习。

有个项目比较了教育工作者在参加项目前和参加项目后的自我评估分数，发现其压力显著减轻，正念能力显著增强。

参与项目的教育工作者还完成月度报告以记录学习进度。这些记录表明，他们的“促进健康得分”显著提升，其中包括他们对平静、幸福的认知和对工作的满意度。评估还发现，87%的参与者认为内在韧性项目对他们的个人生活产生了“显著”或“中等”的影响，90%的人表示其对职业生活也有同样的影响。

在这些教育工作者参加内在韧性项目后，其中28名教师和4名辅导员开始向学生介绍内在韧性项目中的活动。在学年结束时，他们中的大多数人报告说：他们认为这对学生产生了显著的积极影响，学生保持冷静的能力有所提高。此外，内在韧性项目五个班级的84名学生中，有75%的人表示该项目的活动是有益的。

自最初的试点项目发起以来，该地区已经启动了健康与韧性项目（Wellness and Resilience Program，WRP）。该项目扩大了学区的服务范围，包括整合针对学生的循证项目（the integration of evidence-based programs for students），例如学习“呼吸”项目（在下文“儿童和青少年循证项目”一节中描述）和面向教育工作者和家长的系列讲座。

越来越多的其他地区和学校，无论公立还是私立，都在效仿南伯灵顿的项目，将正念与富有同理心的方法相结合以改变学校文化和氛围，并取得了可喜的成果。

例如，生活技能项目（the Skills for Life Program，SFL）发起于美国学业水平较低的学区——俄亥俄州扬斯敦和沃伦。该项目为教师和学生提供全面的课程，其中包括一个名为“4R”的研究型社会和情感学习项目，以及内在韧性项目的正念和压力管理活动。最近的一项实施评估发现，参与者对该项目评价正面，并且对项目主题有了更深入的了解。

儿童和青少年循证项目

2005年，加里森研究所（Garrison Institute）发表了一份报告，其中整合了教育背景中的冥想研究。当时，该报告发现只有少数针对儿童和青少年的正念项目，且几乎没有研究来探究它们的功效。而如今，新项目如雨后春笋般涌现，甚至很难跟上。

虽然现在有越来越多的项目正在开发并呈现课程给世界各地的学生和教师，但我为这本书选择的项目都达到了很高的标准。我故意把我的标准设得很高，因为我希望你们能掌握充足的知识，以便在与学校领导、同事和家长交谈时能提出最有力的观点。

这些项目已成功融入美国、加拿大和英国的学校。这类项目提供了清晰的课程，便于不同学校进行模仿和复制。它们是基于实际情况的合理实践，其初期疗效已经在同行评审期刊上发表。

两个重要的警告：（1）这里提到的大部分研究都具有可行性，但只是初步构想。由于篇幅所限，我不赘述每项研究的局限性。只需留意，许多研究受到选择性样本过小、缺乏对照或对照组、缺乏随机分配以及研究者偏见的限制。（2）本书所提到的研究结果具有概率性，支持项目有效性的证明可能会随着时间的推移而改变。

全人生命基金会

欠发达城市社区的儿童和青年往往由于遭受暴力和缺乏资源而长期承受压力。这种压力使得他们面临一系列困境，包括行为困难和学习成绩不佳。基于正念的方法提高其韧性和自我调节技能，从而帮助这些年轻人。

阿里·史密斯和阿特曼·史密斯兄弟小时候在父母那里学会了瑜伽和正念，又在大学里认识了朋友安迪·冈萨雷斯。他们三人认为，将瑜伽与正念结合可能会帮助那些在动荡的社区里长大的、生活艰难的孩子们。

全人生命基金会（Holistic Life Foundation，HLF）的项目结合了瑜伽姿势、流体运动（fluid movement）、呼吸技巧和引导式正念练习。该活动旨在增强肌肉张力和灵活性，并通过呼吸技巧使学生获得平静。每节课都包括一个教学部分，在其中教师与学生讨论如何识别压力源并使用正念和呼吸来减轻压力。在每节课结束时，学生都会仰卧、闭上眼睛，老师指导他们进行正念觉察练习。该课程已在学校内外的各个平台上线。

约翰·霍普金斯大学的塔马·门德尔松博士（Tamar Mendelson）和

宾夕法尼亚州立大学的马克·格林伯格（Mark Greenberg）博士及其同事对为期12周的HLF项目进行了随机对照试验。分配到HLF的学生每周四天在上课时间参加该项目，每节课45分钟。研究人员评估了学生在项目前后的压力反应、抑郁症状和同伴关系。结果表明，学生、教师和管理人员喜欢该项目，它减少了学生对压力的问题反应，包括反刍、侵入性思想和情绪唤起（在这种情况下，“反刍”是与焦虑相关的症状，指一个人被迫回想起过去发生的事情）。

内在小孩项目

由苏珊·凯泽·格林兰（Susan Kaiser Greenland）开发的内在小孩（Inner Kids）项目教授“新abc”——注意力（attention）、平衡（balance）和同理心（compassion）。通过直接指导、游戏和其他活动，该项目培养对内在体验（思想、情感和身体感觉）的意识、对外部体验（其他人、地点和事物）的意识，以及对这两者如何融合的意识。

该项目面向从学前班到十二年级的儿童和青少年。针对幼儿的项目通常每周进行两次，每次30分钟，为期8周。年龄较大的孩子的课程时间更长，每周两次，每次45分钟，持续10到12周。

每节课分为三个部分。该项目通常以专注于呼吸或身体在空间中的位置开始。每节课都包括游戏和讨论，以帮助孩子们理解他们的经历并将其应用到生活中。项目的一个重要部分是教孩子们服务团体和带有同理心地行动。课程通常以一段时间的平躺和“友好祝愿练习”结束，这是一种适合儿童的慈心冥想（metta）练习的日常版本。这段内省练习会在整个课程期间逐渐变长。

一项涉及64名7—9岁儿童的随机对照研究评估了基于学校的内在小

孩项目。学生被随机分配到内在小孩项目或对照组。前者接受每次30分钟的课程，每周两次，持续8周；后者接受沉默阅读期。在为期8周的课程前后分别收集了教师和家长关于学生执行能力的行为报告。

与对照组相比，在基线时自我调节能力较弱的内在小孩组学生在行为调节、元认知和整体执行控制方面比对照组学生表现出更大的改善。这些发现表明，该项目对那些开始研究时执行能力较差的学生产生了更大的影响。

克里帕鲁瑜伽

克里帕鲁学校瑜伽（Kripalu Yoga in Schools，KYIS）旨在让青少年学习社会和情感技能，例如压力管理、情绪和行为调节、自我欣赏、自信和人际关系技能。该计划通常分为三个主题模块中的24节课。每节课的目的是在正常的上学日为青少年创造一个安全的空间，培养他们对自己和他人的正念觉察和同理心。课程包括热身活动、呼吸练习、瑜伽姿势、深度放松和正念练习。这些活动旨在培养对身心联系的意识。

学者对KYIS课程进行了一项试点研究，以检验将瑜伽和正念纳入常规高中课程的可行性，并测试该课程改善幸福感的功效。这项研究涉及51名报名了体育课程的大三或大四学生。

学生按班级通过随机分组的方式被分配到瑜伽组或照常进行体育课的对照组。KYIS项目每周进行两到三次，持续10周。学生们被要求在项目前后分别完成自我报告问卷。

与往常一样接受体育锻炼的学生在所有主要结果指标上均有所下降，而瑜伽组的学生则保持了基线水平或是有了明显改善。接受瑜伽训练的学生在情绪障碍和焦虑方面有所改善，同时对该课程的满意度也相当高。

学习“呼吸”项目

加拿大和美国的许多学校都采用了学习“呼吸”项目（the Learning to BREATHE，L2B），这是一项针对青少年和青春期前人群的正念学习项目，旨在促进情绪意识，减轻压力，并提高情绪调节能力和注意力集中能力。

该计划由帕特里夏·布罗德里克（Patricia Broderick）开发，符合美国教育健康标准（NEHS），并且可以根据学校课程表灵活调整。每节课大约需要45分钟，每周一次，也可以根据学校的时间表以不同方式提供。L2B以六个主题为基础，这些主题来源于“breathe”这个单词的首字母缩写，并按顺序呈现：

B（Body）：身体——身体意识

R（Reflections）：反思——理解并处理思绪

E（Emotions）：情绪——理解并处理情绪

A（Attention）：注意力——融合思想、感受和身体感觉意识

T（Tenderness/Take it as it is）：柔和或顺其原本——减少危害性自我判断

H（Habits for a healthy mind）：塑造健康心灵的习惯——将正念觉察融入日常生活

E（Empowerment/gaining the inner Edge）：授权或强大内心——其他六个主题的结果

该计划包括小组间的互动和讨论，旨在说明课程主题以及课堂练习和家庭练习的选项。练习项目包括“自身扫描”、思想和情绪的正念、正念运动和慈心冥想训练。

许多试点研究发现，L2B能够促进平静、放松和自我接纳，并能够改

善情绪调节、情绪意识、情绪清晰度和情绪调节功效。最近的研究向接受普通教育的高中生介绍L2B课程，参与该项目的学生会被匹配到另一组没有参与过该项目的同学进行对照试验。与对照组相比，参加过L2B课程的学生所报告的压力、负面影响和身心疲劳水平较低，还报告了效能和情绪调节水平方面的提高。

校内正念项目

校内正念项目的教育工作者和正念导师开发了一个名为“.b”（发音为“dot bee”）的课程，代表“停止、呼吸和存在”，该课程已在各类场景下广泛运用。“青少年.b”（11至18岁）项目是一项为期8周的课程并向班级或小组的一部分提供。另一项名为“paws.b”针对年幼儿童的项目目前也正在英国试行。

该课程包括9节课，每节课都会通过媒体或是一些比喻来吸引学生学习正念技能。每节课开始时，教师会用富有视觉冲击力的画面、电影和声音进行简短展示。教师演示时，学生也跟着练习，例如正念呼吸、“身体扫描”和正念行走，其中的八项课程[①]分别是：

1. 幼犬训练：专心玩耍
2. 驯服动物思维：培养好奇心和善良
3. 认识忧虑：注意你的思想如何捉弄你
4. 处于此刻：从接触到回应
5. 正念行走
6. 退后一步：观察你头脑中的思想流动
7. 与困难为友

① 经校内正念项目允许使用。

8. 同时进行以上几项

英国埃克塞特大学和剑桥大学的研究人员在一项实验组和对照组共涉及522名中学生的研究中测试了8节“.b”正念课程的有效性。研究结果表明，“.b”项目缓解了学生的抑郁和压力并提升了学生的幸福感。学生们报告说他们喜欢这个项目，20%的学生会在项目结束三个月后每周至少继续进行一次正念练习。练习正念技巧的学生报告说，在课程结束三个月后，他们的幸福感有了更大幅度的提升，压力也有了更大幅度的减轻。

心智开发项目

心智开发项目（the MindUp program）现用于学乐集团[①]的小学年级学生，其涵盖四个单元：“我们的大脑如何工作”“让感官敏锐起来”“一切都与态度有关”和“正念式地采取行动”。该项目结合了正念觉察实践、社交和情感学习活动以及积极心理学概念和练习。

心智开发项目包括称为“脑间休息”（Mind Breaks）的每日正念聆听练习和其他专注于锻炼感官和运动的正念活动。它能教给孩子们如何产生积极的情绪状态，例如快乐、关怀和同情，并促进换位思考。最后，它会教导孩子们该如何在这个世界上采取正念行动。该项目还提供将活动融入普通课程的建议，以及针对每单元主题提供大量儿童图书。该项目对标包括“共同核心”（Common Core）的国家标准。

心智开发项目现已纳入加拿大不列颠哥伦比亚省南部大陆大部分小学的课程。该计划由霍恩基金会（Hawn Foundation）开发，于21世纪初女演员戈尔迪·霍恩（Goldie Hawn）和她的家人住在温哥华时在不列颠哥

① 美国学乐教育集团（scholastic）于1920年在美国成立，是知名的童书及多媒体教育产品出版及发行商。——译者注

伦比亚省首次推出。近期该项目也在新泽西州纽瓦克市全市范围内施行。

不列颠哥伦比亚大学教育学教授金伯利·朔纳特·赖克尔（Kimberly Schonert Reichl）对心智开发项目进行了一系列研究，发现参加该项目的学生更加乐观和自信，教师的报告也呈现出参加过该项目的学生比没有参加过的具有更强的社交能力。最近，温哥华的学校一直在为教师的专业发展选择中加入“基于正念的减压项目”这一选项。

生活技能变革项目

生活技能变革（the Transformative Life Skills，TLS）项目提供“动态正念的沉浸式体验”。它由Niroga研究所与宾夕法尼亚州立大学詹妮弗·弗兰克（Jennifer Frank）教授合作开发。该项目结合了正念瑜伽、呼吸技巧和冥想，帮助儿童和青少年以更强大的信心平静地应对生活挑战。

课程将这三个核心练习称为ABC：动作（acting）、呼吸（breathing）、定心（centering）。TLS的动作部分整合了一系列正念运动和瑜伽姿势，旨在促进对身体和呼吸的意识。TLS呼吸部分的目的则在于帮助个人管理压力。该项目教授平静的呼吸技巧，旨在减少战斗式、逃跑式或僵住式反应的影响并恢复大脑的行动功能。最后的定心部分涉及练习正念以将觉察带到当下。

该课程由四个单元组成，每单元12节课，重点关注特定主题和瑜伽姿势。这四个单元涵盖压力反应、身体和情绪意识、自我调节，以及健康的人际关系。通常来说学生每周上3节课，这样他们每个月就可以完成一个单元。该项目主要向学生传授其中涉及的技能，从而让他们在项目结束后能继续保持良好的状态。

TLS已成功运用于各种环境中的儿童、青少年和成人，包括学校、少年拘留中心和监狱。其完整课程可在Niroga研究所的网站（www.niroga.org）上免费获取，Niroga研究所也为期待参与该课程的个人提供定期培训。

教师循证项目

世界各地涌现了许多面向教师的正念课程。许多项目的设计初衷都是培训一批能教授正念课程的教师。例如，校内正念项目为想要教授“.b”课程的个人提供了一个Teach .b认证课程。尼罗加学院还提供了一个专业发展计划，培训想要教授TLS课程的教师和其他人。

一些专业发展项目是专门为教师设计的。其目的不是让他们准备好向儿童或青少年教授正念，而是促进他们自身的发展，帮助他们减轻压力和增强韧性，从而改善教学。

正念减压已成功应用于支持教师的福祉。一项专门针对教师的MBSR课程的研究发现，参与的教师报告说，他们的心理困扰和倦怠显著减少，自我同理心得到提升。教师们在基于计算机的情绪性注意偏差认知测量（即感知受情绪影响的倾向）中的表现也有所提高。

该研究采用一种名为“课堂评估评分系统”（Classroom Assessment Scoring System，CLASS）的观察性测量方法评估课堂的质量。评估发现参与项目的教师在课堂组织能力方面有显著改善。

2000年，心灵与生命研究所（the Mind and Life Institute）举办了一场有许多杰出科学家参加的对话，探索促进情绪平衡和减少“破坏性情绪”的方法。正如丹尼尔·戈尔曼（Daniel Goleman）在《破坏性情绪管理》（*Destructive Emotions*）一书中所记录的，杰出科学家中包括情绪研究领域的开拓者保罗·艾克曼、社会和情感学习领域创始人马克·格林伯格，以及前僧侣、著名冥想老师和作家艾伦·华莱士。

在这次会议上，保罗·艾克曼受到启发，开发并测试了一种将西方心理学的情感技能训练与东方冥想练习相结合的干预方法。保罗和艾伦·华莱士创建了一个为期八周、名为“培养情绪平衡”的项目。该项目在加州大学旧金山分校和旧金山州立大学进行的一系列研究中进行了测试。马克·格林伯格担任这些项目的顾问。虽然该项目不是专门为教师设计的，但其参与者是教师。这是因为研究人员认识到教师必须应对大量的情绪压力，且他们的情绪会对学生产生消极或积极的影响。

接下来，我们将讨论两个专门为支持教师的发展而设计的项目。它们将正念和情感技能教学结合起来。这两个项目都是从情绪平衡项目发展而来。

教育觉察和韧性项目

先前研究采用基于正念的方法来减轻压力和促进幸福。基于先前的研究以及我们对情绪神经科学的最新理解，位于美国纽约加里森的加里森研究所发起了一项新项目，旨在支持教师社交和情绪能力（social and emotional competence，SEC）以改善课堂氛围和提高学生成绩。

我领导了一个由前教师和教育工作者组成的团队，为教师开发了“教育觉察和韧性项目”（Cultivating Awareness and Resilience in Education，CARE）。该团队的成员包括我、那洛巴大学的理查德·布朗（如前文所介绍）和克里斯塔·特克斯玛（Christa Turksma）[前教师、儿童治疗师，现任替代思维策略（PATHS）社会和情感学习项目的开发人员和培训师之一]。在科学顾问团队的帮助下，我们着手制定一个项目，帮助教师管理压力，使教学更加活跃，从而改善他们与学生的关系，改善课堂管理以及学生的社会和情感学习。

教育觉察和韧性项目（CARE）将教学和体验活动与讨论和反思的实践相结合。该项目作为专业发展计划在线下提供。它在学年内秋季的六到八周进行四个全天课程，在春季进行第五个课程。每年夏天，加里森学院也会提供为期五天的密集静修活动。项目的实地拓展内容包括为参与者提供电话辅导。在会议间隙，主持人通过电话与参与者交谈，为他们提供持续的支持并帮助他们练习和应用所学到的新技能。

CARE项目干预三个主要的教学组成部分包括：（1）情绪技能指导；（2）正念和减压练习；（3）倾听和同理心练习。正如本书前文所述，情绪枯竭是教师倦怠的主要原因，并会干扰教师的表现。为了增强情绪复原力，CARE通过直接指导和体验活动相结合的方式引入情绪知识和技能，从而帮助教师理解、认识和调节自己的情绪反应，更有效地回应他人（学生、家长和同事）的情绪反应。

该项目包括反思练习和角色扮演活动。项目旨在帮助参与者识别情绪状态并探索他们个人的“情绪景观”——他们的习惯模式、触发因素和反应特征。这些技能帮助教师学会重新评估情感上应对困难的情况，并以更清晰和敏感的方式回应学生的需要和课堂的情感氛围，从而实现更一致、更自信、更富有同理心、更有效的课堂管理。

作为CARE项目的一部分，教师们学习如何平衡他们的工作和个人生活，从而不断更新做好工作所需的内在力量。为了支持情绪和注意力的自我调节，减轻压力并帮助教师更加了解课堂现状、更充分地教学和与学生互动，CARE引入了一系列正念觉察练习。这些练习须按顺序进行，从短时间的沉默反思开始，到较长时间的正念练习，最后将正念觉察带入日常活动，如带入站立、行走和挑战性情况下的角色扮演中。

为了增强同理心和倾听能力，CARE引入了关怀练习和正念倾听。正如第六章所讨论的，关怀练习（也称为metta或慈心冥想）是一种引导性的反思。在此期间，一个人在精神上提供幸福、快乐与平静。首先向自己，然后向亲人、中立的同事或熟人，最后向具有挑战性的人（例如相处困难的学生、父母或同事）。正念倾听练习要求全神贯注地倾听，无须评判或回应。倾听时的一个常见倾向是预测如何回应以提供有用的建议或答案。这个练习能够让教师了解到：投入和倾听本身就能提供支持。

CARE项目的内容在诸多会议中得到了充实，并通过个人反思写作和小组讨论得到进一步的调整。教师们会得到一张录制好的指导练习CD供他们在家中自行使用，还有一系列旨在帮助应用和练习CARE技能的家庭作业。

由美国教育部教育科学研究所资助的一项研究发现，与对照组相比，参加CARE项目的教师在幸福感、效能和正念方面都有所改善。被分配接受CARE的教师报告说：通常与压力有关的身体症状（如头痛和胃痛）有了显著的缓解。他们通过重新评价（而不是抑制）来调节情绪的能力有了显著提高，同时在学生参与和教学方面的效率也有所提高。他们的紧迫感减弱，时间压力也得到缓解。与对照组相比，正念的两个维度，即观察和无反应，也有了显著改善。

项目评估发现，该项目对教师有吸引力，并成功地帮助他们处理教学情绪。研究结果还表明，CARE提高了教师为学生提供社会、情感和学术支持的能力，并更有效地管理他们的课堂动态。关于CARE的研究仍在进行中，探究教师的进步是否会转化为课堂氛围以及学生学术和行为结果的改善。

教育中的压力管理和放松技巧

另一个从情绪平衡项目演变而来的课程是教育中的压力管理和放松技巧项目（Stress Management and Relaxation Techniques，SMART）。此项目为期八周，共11节课，附加课后或晚间会议，共计36小时。在影响力基金会（the Impact Foundation）的支持下，该项目由玛格丽特·卡伦（Margaret Cullen）开发。玛格丽特·卡伦是一名专业心理治疗师，MBSR讲师，CEB的开发人员之一，也是CEB研究的主要推动者。

该项目可以由美国的Passageworks项目和位于加拿大的不列颠哥伦比亚大学奥肯那根校区提供。玛格丽特·卡伦正在继续开发一个名为以正念为基础的情绪平衡（Mindfulness-Based Emotional Balance）的项目，目前还加入了对自我和他人的同理心部分。

与CEB和CARE类似，压力管理和放松技巧项目（SMART）涉及各种促进正念的教学方法和活动，还致力于增强自我同理心和宽恕能力。该项目旨在帮助教师建立这些资源，使他们能够更有效地管理压力并更快地从情绪挑战中恢复过来。

SMART利用五种主要的教学活动来介绍正念和自我同理心：引导正念和瑜伽练习，正念和瑜伽练习的小组讨论，使用场景练习技能的小组活动，讲座和引导性家庭练习，以及家庭作业。

SMART项目中的正念活动和练习包括身体扫描、注意力集中的冥想呼吸、开放监控冥想（发展对经验各个方面的时刻意识）、宽恕还有慈心冥想练习。该课程还包括两场关于如何将正念应用于情绪调节和减压的讲座。

参与者将获得家庭作业和练习以发展正念和自我同理心并将其应用到教师工作中。此后，他们将在小组中报告自己从这些任务中学到了什么。

例如，老师们被邀请写一周的日记，记录他们的情绪经历、情绪触发因素以及他们在课堂上如何管理压力。在随后的课程中，参与者讨论这些日记并共同探索如何运用正念更有效地管理自己的情绪。

罗伯特·勒瑟（Robert Roeser）和他的同事对SMART进行了随机对照研究。最近的一篇同行评审文章报道了两项实地试验的结果，其中涉及来自加拿大和美国的113名中小学教师。他们被随机分配接受SMART或对照条件。研究人员收集了SMART组在进行该项目之前、结束当即和结束三个月时的数据。绝大多数（87%）的教师完成了该计划，并报告说此项目很有帮助。与对照组相比，随机分配到SMART组的教师表现出更好的正念能力、注意力集中能力、工作记忆以及自我同理心。教师们还称，在计划结束时和此后的三个月中，他们的职业压力和职业倦怠都有所减轻。

结　论

在本章中，我们探讨了我们每个人如何致力于改变我们的班级、学校和学区。我们从关注自己的班级开始。我们无法独自改变学校面临的所有问题，但是如果我们每个人都将正念应用于我们与学生、其父母和同事的关系，累积的效果将是变革性的。通过开放的心态，采用当下的、非评判的意识对待我们的工作，我们可以一起为课堂环境和学生的学习带来巨大的变化。

我们也有机会在学校层面有所作为。通过将正念应用到自己的课堂上，我们成为其他人的榜样，能够带领同事采用以正念为基础的方法，并开始分享资源和练习。这将有助于建立一个强大的、支持性的学习者团体，其中包括学生、教师、管理人员和家长。

在本章中，我们观察到这种转变已经在进行中：越来越多的教师、学校和地区正在接受正念教育方法，将正念和同理心融入学校课程。其形式包括为学生提供循证项目、教师专业发展计划，以及促进基于正念的教师教育方法。